WALKING
漫步臺灣

WALKING
漫步臺灣

大人的小學時代

小學時代

大人的

柿子文化／編著

臺灣師範大學
臺灣史研究所教授兼所長
許佩賢／審訂

漫步臺灣.5 大人的小學時代

編　　著　柿子文化
審　　訂　許佩賢
美術編輯　李緹瀅
責任編輯　謝昭儀
改版主編　高煜婷

出　　版　柿子文化事業有限公司
地　　址　11677臺北市羅斯福路五段158號2樓
業務專線　（02）89314903#15
讀者專線　（02）89314903#9
傳　　真　（02）29319207
郵撥帳號　19822651柿子文化事業有限公司
投稿信箱　editor@persimmonbooks.com.tw
服務信箱　service@persimmonbooks.com.tw

初　　版　2004年03月
二版一刷　2016年06月
定　　價　新臺幣380元
ＩＳＢＮ　978-986-6191-87-9

業務行政　鄭淑娟、唐家予

～柿子在秋天火紅 文化在書中成熟～

國家圖書館出版品預行編目(CIP)資料

大人的小學時代 / 柿子文化編著. -- 二版. -- 臺北市：柿子
文化, 2016.06
　面；　公分. -- (漫步臺灣；5)
ISBN 978-986-6191-87-9(平裝)

1.小學 2.教育史 3.臺灣

523.833　　　　　　　　　　　　　　　　105000105

推薦序

小學是人生求學的第一步,也是童年記憶的所在。幾乎每個人幼年的學識啟蒙與歡娛時光都在此度過,對於這個充滿學習與成長的地方,相信很多人都有深切的情感與濃郁的回憶。

人們總認為小學教育只是人生中短短的六年光陰,殊不知它已在臺灣走過了百年的歷史。臺灣近代的小學教育起源於西元一八九六年日人創設的芝山岩學堂,它的誕生,最初只是為了日語的傳播,是日本殖民政策下的產物,然而它所引進的西方新式教學方式,卻也為臺灣學子開啟一扇通往新世界的學習之窗。

百年前位於臺北芝山岩上的新式學堂,為臺灣小學教育帶來一線曙光;今日一本圖文並茂的專書《大人的小學時代》,認真而詳實的記錄了臺灣的小學發展歷史。這本書以深入淺出的輕鬆筆調,讓讀者對臺灣百年來的基礎教育有更深入的認識,也讓人彷彿在不知不覺中回到童年的教室,重溫兒時回憶。

這是一本生動精采的好書,書中大時代的一頁頁歷史、泛黃的校史影像,以及童年的苦辣酸甜,都讓人回味再三,值得您一讀再讀。

前行政院文建會主委
白鷺鷥文教基金會董事長
臺法文化協會理事長

陳郁秀

許多珍貴的圖片資料,使文本閱讀更加有趣而動人,標題段落和文筆描繪更是引人入勝,令人讀後迴盪不已──這是一本難得的好書,從其中會重新發現自己,憶起童年往事,想起臺灣、珍惜臺灣。

前國史館館長

張炎憲

老師、各位小朋友，
大家好！

小學生放學了！

孩子們的笑鬧聲混和著導護老師的尖哨音飄進窗縫，不用探頭看，便知道路上一定擠滿了等著接孩子的父母，其中一定有許多還是白髮斑駁的阿公阿嬤。當年阿公阿嬤在和小孫子一樣大的年紀時，不一定有機會可以上學，而今他們佈滿皺紋的手終於有機會提書包了，提的卻是屬於小孫子的「沉重負擔」。

阿公阿嬤或許搞不清楚廿一世紀的小孩子在學校裡都學些什麼，卻深深相信透過這樣的教育與呵護，孩子一定可以開創出他們的美好未來。正是這幅充滿傳承意味的畫面，使我們興起了製作《大人的小學時代》的念頭。

從十七世紀的荷蘭時代至今，臺灣的初等教育已走過三百多年的歲月。在這不長不短的時光中，臺灣至少經歷了四次重要的政權更迭，包括以榨取經濟為主的荷蘭、戰敗流亡的明鄭王朝、滿族入主的清領時代、警察很大的日治時期，以及毋忘在莒的中華民國。然而，在老照片中，我們總可以看到，縱然生活難免刻苦艱辛，孩子們臉上的笑容卻永遠純真靦腆。

不同年代裡，孩子們究竟是如何度過童年？他們有機會受教育嗎？學習的內容會是什麼？他們是以什麼樣的心情面對學習的

時光？如果我們順著教育之河溯源而上，是否能從這些泛黃的溫馨回憶中，看到不同時代的童年反映出的社會狀況與人民生活，進而找到什麼才是對下一代最好的教育方式？一個個的問題引領我們不斷搜尋探究，直到終於完成了這本書。

《大人的小學時代》自二〇〇四年出版後，受到各界的肯定和好評，除了有許多媒體的專訪和書評，亦受到博客來、誠品、金石堂的編輯推薦，並榮獲金鼎獎最佳主編獎。經過十餘年，臺灣的教育制度和文化又經過了不少變化，我們針對書中內容進行簡單的增修，並且全新設計排版，重新設計封面，獻給大家一個不一樣風格的《大人的小學時代》。

當然，這不能說是一個完美的句點，因為在編製的過程中，無法克服的困難實在太多。譬如相關的文史資料大多遭到莫名的銷毀湮滅，要蒐羅殘存四散的史料並將它們拼湊起來，本身就是浩大艱困的工程，所以特別感謝許多學校與地方人士，熱心的提供寶貴史料與精采相片，以及許佩賢教授的指導審訂，使我們能彌補大部分的歷史缺口。此外，書中許多精采的老照片，編輯小組已盡可能的詳察並標示出著作所有人與提供者芳名，但難免有未盡周詳之處，若有誤植或疏漏，歡迎儘速與我們聯絡。

最後，希望每個大人在翻開這本書時，住在他心中的那個小孩就會在剎那間甦醒，找回天真的童稚時光，重溫那段有辛苦有歡笑的歲月，進而明白：不論教育制度如何千變萬化，孩子們的可能性都將遠遠超出我們所能想像，給他們足夠的天空去飛翔，或許就是我們能為他們做的最好的事了！

星期一　臺灣開學囉！

乖寶寶上學去【第一、二堂 國語課】

小學的誕生【第三、四堂 歷史課】

制度與法條【第五、六、七堂 社會課】

星期二　日治時代小學生

小學精神【第一、二堂 社會課】

星期三　世紀校園

星期四　皇民教育

星期六　童年再見

你還記得，

六、七歲第一天上小學的——

忐忑與期待嗎？

星期一
臺灣開學囉！

五千多年前
人類就已踏上歐亞大陸東方的這座小島
只是有一段悠長的時光
小島處於混沌蒙昧沒有文字記載的史前時代
直到四百年前
漁民開始到此捕魚，海賊選擇此地做窩
小島漸漸走進歷史
然後一位白膚紅髮的外地人拿起了鵝毛筆
於是
臺灣開學了

紅毛仔教冊

臺灣教育曙光

（番人）習紅毛字者曰教冊，用鵝毛管削尖，注墨汁於筒，湛而橫書，自左而右，登記符檄、錢穀數目。暇則將鵝管插於頭上，或貯腰間。

——黃叔璥《臺海使槎錄》

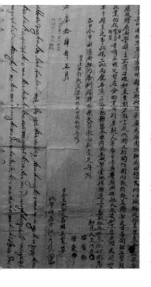

▲新港文字已經失傳很久，今人僅能自清代的地契上一窺其貌。

　　西元一六三〇年的某個禮拜日，清風徐徐，鳥鳴啁啾，燦燦朝陽下，一位身著長袍、紅髮碧眼的歐洲男子喬治‧干治士（Georgius Candidius），抱著一本厚厚的經書，緩緩走進平埔族新港社的村落（今臺南南部）。他走過安靜的小路，進入一間簡陋的房舍中，那兒已經聚集了許多老老少少的村民，等著他來主持一個禮拜一次的聚會。

　　此時距離荷蘭人登陸臺灣雖然已有六個年頭，但他們只將臺灣當做貿易轉口和糧食補給的殖民地，除了招募閩粵沿海的漢人來臺為其耕作，幾乎沒有任何建設。硬要說他們對臺灣的貢獻，或許就是帶來了熱心佈教的傳教士。為了傳佈上帝的福音，這些傳教士們上山下海，深入臺灣的各個角落，為偏遠部落的人們開啟一扇通往世界的小小窗口，並為臺灣的教育帶來曙光。

　　干治士正是他們的其中一位，他在一六二七年跟隨荷蘭東印度公司的船隊，從巴達維雅（今雅加達）來到臺灣傳教。三年來，為了能和當地人民溝通，他花了不少時間學習新港社的語言，而為了方便記憶，他使用羅馬拼音來拼寫新港語。兩年後，

干治士突然靈機一動：「何不用自己拼寫出的文字來教新港社村民認識《聖經》？」於是他開始試著將這突發奇想付諸實行。

經過一年的努力，終於收成了美好的果實──幾乎整個村落都信仰了天主。而干治士，不只是村裡的牧師，也成了孩子們的教師，除了主持禮拜外，他每天都會來到村裡的禮拜堂教孩子們寫字讀經。這些由干治士所拼寫出來的文字，被後世史學家稱為「新港文字」，是臺灣目前所知最早的原住民文字。雖然干治士再隔一年就離開臺灣，但在他之後來臺的傳教士，都運用這套新港文字與平埔族溝通，直到十九世紀初，部分的南部平埔族都還在使用它。

到了西元一六三六年，傳教士羅伯圖斯・尤紐斯（Robertus Junius）為了更有效率的推廣天主的福音，開始在新港社的村落中設立學校，廣為招收平埔學童，教授羅馬字和聖經教義，所有的課本都使用新港文來撰寫。後來這種由教士所設立的教學機構愈來愈多，遍及臺灣南部各重要的平埔族大社中，成為臺灣初等教育的嚆矢。

二十五年後，西元一六六一年鄭成功從臺南鹿耳門登陸，驅逐了荷蘭人，成立了臺灣有史以來第一個漢人政權。鄭成功掌政不到一年即去世，由他的兒子鄭經繼位，繼續反清復明的大業。

▶荷蘭人描繪的「荷鄭海戰圖」。

▲鄭成功接受荷蘭人降書圖。在新港社開設學校之後的第二十五年，也就是西元一六六一年，鄭成功在臺南鹿耳門登陸，驅逐了荷蘭人，成立了臺灣有史以來第一個漢人政權。

隔年，鄭氏朝中重臣裡人稱「臺灣諸葛」的陳永華向鄭經建議應立即啟建孔廟，創設學校以傳漢人文教。鄭經起初雖然反對，最後仍在陳永華的精闢分析下，欣然接受此議，並將建學事宜交由他籌備。

陳永華（一六三四～一六八〇）除了是鄭成功、鄭經身邊的智囊、謀將，對於臺灣近代開發史來說，他也扮演了相當重要的角色。在民生經濟方面，陳永華引進磚瓦、曬鹽技術，並改良提高蔗糖的製作品質，之後他更於臺灣各項建設上了軌道後提出興文教學等建議，建立起一套教育體制。

一六六六年，臺灣島上第一座孔廟在承天府（今臺南市）落成，陳永華在孔廟的左廂內設了太學及社學，親自出掌教學事宜，從此漢人儒家文化正式進入臺灣，臺南孔廟亦成了「全臺首學」──臺灣第一所由政府正式設置的學校。

三百餘年前，一位滿懷宗教熱誠的荷蘭傳教士，在傳揚福音的動力驅使下，無意間為臺灣教育拉開了序幕，對無數的臺灣住民而言，這可說是最實在的福音。雖然臺灣很快就從荷蘭的經貿殖民地搖身一變為反清復明的跳板，孩子們的教材也從《聖經》變成了《三字經》，但教育的種子早已植入，隱隱的等待下一個季節到來。

▲臺南孔廟前的「官員下馬碑」。

孔夫子一塊上課

明清的教育

自西元一六八三年鄭克塽降清及至一八九五年乙未割臺,清廷統治臺灣約二百一十餘年,是統治臺灣最長的政權,也是中國漢民文化真正扎根臺灣的時代。

只要略為熟悉中國傳統文化的人,相信對「私塾」、「書院」、「儒學」這三個名詞都不會陌生。這些不只是中原地區漢人求學的重要場所,和臺灣的教育體系也有密切的關連。其實,早在明清時期,傳統的儒家漢學教育便已傳入臺灣,當時的教育機構分為兩大系統:由官方設立的官學,以及由民間個人出資興辦的私學。

臺灣的第一所官學,始於明鄭時代陳永華設於臺南孔廟左廂內的太學,現今大家都稱其為「全臺首學」。到了清領時代,這種位於孔廟中的官學被稱做「儒學」;當時各個府州縣都會成立「儒學」來培育地方人才。

除了儒學之外,書院

◀儒學副堂即儒學訓導,是清領時期的官名,負責臺灣境內教育相關行政工作,受到「儒學教授」制約。

也為人所熟知。臺灣第一所書院名為「西定坊書院」，是施琅在攻克臺灣不久後，於臺南成立的教育機構，但它的性質其實比較接近「義學」，是為了讓貧窮人家子弟免費就讀而設立。真正具有中國傳統型制的書院，是晚幾年在臺南成立的崇文書院，此後，書院便隨著漢人的開拓腳步，逐漸遍及全臺各地。

清領時代，估計全臺開辦了數十所書院，多為官辦或官民合辦，私人興辦書院在當時算極為少數，這和中國內地的書院多來自私人興學，有著極大的差異。臺灣現在還遺留有不少清代的書院建築，例如：臺北學海書院和樹人書院、南投藍田書院、嘉義登雲書院等，其中有不少已被列為重要史蹟。

然而，這些著名的書院畢竟只屬於有心科考取仕的富家子弟，並未普及於民間，因此清領時代臺灣真正的學童啟蒙教育，

還是來自於私人籌辦的書房（又稱私塾），有的是老師自行開設，有的是地方人士共同聘請老師，當然也有不少是有錢人家出資請來老師籌辦書房。

只要一間小房，管它是廟中的廂房，還是一般百姓的屋舍，都能充當學習的教室，招攬附近的孩子來上課。師資很隨意，不管有無功名，只要是識字的讀書人就可以升堂講課；孩子們的入學儀式也很簡單，只要由書房老師指導，向孔子神位行跪拜禮並向老師叩頭，就算正式進入師門，開始接受啟蒙教育。至於書房的經營經費來源，則主要來自於學生的學費和禮金。

就這樣，臺灣的書房在清領時期普遍設立，但總數在當時並無相關統計資料，直到日本治臺後，才有資料指出，一八九五年時臺灣的書房已逾一千七百間。

不論是書院、儒學或書房，其實都反映出臺灣當時的學識精神風貌，而那時的孩子們，就在這樣的教育環境下，傳承了先祖的智識，融合了多元包容的文化。

人之初性本善

私塾的一天

我每天早上拖著長長的辮子到石橋仔頭的「同文齋」讀書。
從「上大人孔乙己，化三仙七十二，你小生八九子，佳作人可知
禮也」背起，再描紅學寫字。

——李天祿《戲夢人生：李天祿回憶錄》

清朝統治下的臺灣，能夠上學的幸福孩子們，一大清早太陽
剛露臉就起床盥洗，不用穿制服，也不著鞋，就這麼甩著油亮結
實的長辮子，一路赤腳走到書房報到。

▲《三字經》是舊時
書房必讀啟蒙書。
▶清領時代孩童上書
房的情形。

早上的第一個時辰通常是複習前一天學習的內容，孩子們排排站在老師面前，一個接著一個背誦昨日的功課給老師聽，然後老師會在學生的書本上記上紅色句讀，標明今天回家的功課。接下來的時間多半是讓學生各自習字，老師則從旁隨機指點。不過，此時老師大都會趁此空檔外出辦個人的私事，中午時分才放孩子們回家吃飯。這是學生們一天課程中唯一的下課休息時間，約一、兩個鐘頭不等。

到了下午，就是學習新課的時候，老師會先教讀漢文，然後講解內容，學生則邊學邊複誦。教讀時老師會用紅筆作記，以示進度，待學生都熟記無誤後，才繼續往下教。若在黃昏之前授課就已告一段落，老師便會要求學生再練一帖字，直到夕陽西下，孩子們才能輕快的踏上返家歸途。

書房裡的課程很簡單，念的就是《三字經》、《千字文》等，而當時的父母之所以送孩子去上書房，也不過是希望他們能學會認字或記帳，想再進一步學習者，老師就多教些四書五經。換句話說，書房的授課內容其實就是以儒家經典為主的科考項目，不像現在的小學，有各式各樣多元有趣的科目。

此外，不同於現代學校依照年齡分班，在書房裡，不論年紀大小、程度高低，一律合班上課，因此老師在面對年齡、程度參差不齊的學子們時，更需要發揮「因

▼《百家姓》和《千家詩》是書房必讀的啟蒙書。

材施教」的孔子精神：對新生教授《三字經》、《千字文》、《百家姓》，對久學者則改教《唐詩三百首》及《童子尺牘》，至於程度更高的孩子，就需研讀四書五經了。此外，老師還會應商人家長的個別要求，教學生珠算及簡單的記帳常識。

　　一般而言，學生只要就讀書房三、四年，學會寫字、珠算等謀生能力，便能滿足家長的期望，多半就不會再上課，而是回家貢獻所學。只有想更進一步求取功名的學生，才會繼續待在書房向老師學習，努力往漫長艱困的科考仕途邁進。

　　百年前的書房雖然不像現代學校擁有完善的學習環境與制度，但它卻遵循著社會傳統，默默在鄉里間進行兒童人文教育，讓不同資質、不同背景、不同人生目標的孩子有機會窩在一間窄小的教室中，一起度過生命中重要的啟蒙時光與無憂童年，這沿續傳統中原文化的漢學教育，對培養臺灣人文思潮與維護善良風俗，實有不可磨滅的貢獻。

▲舊時書房的「束脩收入名冊」，所謂的「束脩」就是現今的學費。

▶敬字亭是舊時社會專門焚燒廢棄紙墨的亭爐，以示對文字的敬重與愛惜。

小學教育的推手
伊澤修二

> 將我們所說的國語教給臺灣人是現在最重要的工作，因為日本人有自己的母親可以傳授母語給本國子弟，但是新領土則完全不同……所以到臺灣教授國語即是在從事母親的任務。
> ──西元1896年　伊澤修二〈關於設置臺灣公學校意見〉

　　西元一八九五年四月，應該是個春暖花開的季節，但臺灣子民的心情卻是異常冷冽，因為在甲午戰爭中慘敗的滿清政府，將距離戰場二千公里外的臺灣島嶼割讓給日本。在「宰相有權能割地，孤臣無力可回天」的情勢下，全島瀰漫著悲愴的氣氛與對未知的恐懼。歷經半年的清剿鎮壓，日本政府終於正式占領臺灣全島。諷刺的是，這個在清廷眼中「花不香，鳥不語，男無情，女無義」的化外之地，竟因此次乖舛轉折，而提早一步走入新式教育的世界。

　　是年六月十七日，首任臺灣總督樺山資紀於臺北城內舉行始政典禮，宣告臺灣改朝換代。舊有的清代官僚制度被新式的日本行政體制所取代，而新的文教機構也靜悄悄的在七月十四日於臺北城郊成立。這一手推動教育大業的人，正是當時擔任臺灣總督府學務部長的伊澤修二（一八五一～一九三八）；

◀一八九五年日軍進入臺北城。

他是日本近代教育史上相當知名的教育家，也是將西方新式教育引進臺灣，並規劃日後殖民教育藍圖的重要人物。

伊澤修二出身於日本長野縣的貧士之家，於大學南校（東京大學前身）畢業，由於成績優異，在一八七五年以公費生資格被明治政府派至美國留學，歸國後便致力於日本的音樂、體育、盲啞教育及教科書編輯，並熱衷於推行國家主義教育，曾先後擔任師範學校校長、教科書編纂局長、東京盲聾學校和東京音樂學校校長等職，對日本近代教育的奠基有著卓越的貢獻。

伊澤修二極力鼓吹國家應獎勵兒童就學，並補助小學教育，但由於財政問題，他的教育理念始終未被日本政府採納，直到甲午戰後，日本取得臺灣，伊澤修二終於找到一個能夠讓他實踐理想的地方。他懷著興奮期待的心情，積極拜訪已被內定為臺灣總督的樺山資紀將軍，向其說明自己對新殖民地教育政策的構想，並毛遂自薦希望能擔任臺灣教育的拓荒者。在他的熱情感召下，樺山資紀任命他為第一任臺灣總督府民政局學務部長，主管臺灣的教育政策，並落實推動教育的普及。

伊澤修二就任後，立即向總督府呈報一份〈臺灣教育意見書〉，明確揭示臺灣的教育首重推廣日語，因為只有普及日語，政府的政令和教化才能通達無礙，真正落實將殖民地同化的政策。至於臺灣人慣用的漢文，可以作為學習日語的輔助，因此不必即刻廢止。此外，他也深切了解，要建立臺灣的教育，就不能忽視初等教育與師範教育，是以規劃「永久教育事業」，主張在臺建立模範小學，做為日後教育機構的典型，並設立師範學校與編輯教科書。大體而言，伊澤修二認為臺灣的教育事業是以

「國家教育之輸出」為目標，目的是將臺灣人同化為日本人，因此這份〈臺灣教育意見書〉可說是日治時代臺灣教育方針的重要藍圖。

　　為有效落實意見書中的政策，伊澤修二首先規劃了第一所日語教育機構——芝山岩學堂，但初期日語師資嚴重不足，為培養日語教育師資，並訓練臺籍教師加入日語教學的行列，一八九六年臺灣首間師範學校——臺灣總督府國語學校正式設立，即現在的臺北市立大學博愛校區（二〇〇五年更名為臺北市立教育大學，二〇一三年和臺北體育學院合併為臺北市立大學）。

　　然而，伊澤修二理想的「同化教育」政策，並不全然為總督府所接受，尤其是政府補助小學教育經費的理念，對剛殖民臺灣的總督府而言，實為一項極沉重的財政負擔。最後，伊澤修二因為不滿教育經費遭總督府刪減，在一八九七年掛冠辭去，離開了他曾想一展抱負的臺灣。

　　從上任到離去，伊澤修二在臺灣只待了兩年不到的時間，然而這短短的兩年，卻為臺灣往後五十年的初等教育和師範教育體系，奠下了深遠而厚實的基礎。雖然這位教育家無法親手收成教育普及的豐美果實，但是他所做的一切，卻深深扎根在臺灣的土地上，永遠不被抹滅。

▶日治時代的芝山岩。芝山岩是臺灣新式初等教育的發祥地。

▲日本明治天皇睦仁（一八五二～一九一二），在位四十五年，仿傚西方典章制度，厲行近代化，使日本成功躋身世界強國之林，臺灣在其任內成為日本殖民地。

教育的神話

芝山岩精神

竹藪中首先突出長槍，最後六名枕藉於稻田中。宛如實踐自
我宣說的精神而倒地，這是多麼令人慨嘆至極的事。我在東京接
到電報後，一夜哭到天亮。

——伊澤修二〈六氏周年祭弔唁演說〉

日本領臺的第一年，首任臺灣總督府學務部長伊藤修二，選
定臺北八芝蘭（今士林）的芝山岩，創辦了臺灣第一所新式初等
教育機構——芝山岩學堂，從此芝山岩便被視為臺灣小學教育的
起源地。然而，它的重要性卻不僅於此，在老一輩的人心中，它
還是日治時代的師範教育聖地，因為這裡曾發生過一件震驚日臺
的「謀殺案」——六氏事件（亦稱「芝山岩事件」）。

六氏事件中的「六氏」，指的是六位跟隨伊澤修二來臺建
學的日籍教師，其姓名分別為：

楫取道明、關口長太郎、中島長
吉、井原順之助、桂金太郎與平
井數馬。這六位教師多受過日本
的師範教育，被伊澤修二招募來
臺從事教育工作，是芝山岩學堂
的第一批教師。一八九六年的元
旦，六人原本準備一早下山，搭
船到臺灣總督府參加慶祝新年大

會，但是在半路上聽說有臺灣抗日軍襲擊臺北城，因此決定立即返回芝山岩避難，不料就在回校途中遭到當地人伏擊殺害，並將屍首棄置於芝山岩的山林中。

　　日本當局得知此事後大為震驚總督府乃向士林居民採取武力鎮壓行動，並造成當地一些百姓無辜犧牲。這件事不僅使芝山岩學堂的教學活動被迫暫時中斷，同時也讓招募日人教師來臺教書的計畫無法順利推展。為了撫平六氏事件的衝擊，並避免日籍教師對來臺工作望而卻步，總督府想出了一個方法，他們將這次事件予以美化昇華，把不幸殉難的六位教師塑造為捨己為人、犧牲奉獻的崇高教育典範，並以此激發其他教師們的熱血精神，讓老師們打從心裡認同：為教育犧牲性命是神聖而偉大的，一位真正的教育工作者，就必須手拿粉筆教學不輟，直到鞠躬盡瘁、生命止息。這就是從六氏事件衍生出的臺灣師範教育的神聖圖騰——芝山岩精神。

　　為了宣揚六氏先生的芝山岩精神，總督府於同年七月一日在案發地點設立「學務官僚遭難紀念碑」，並規定每年的二月一日為「六氏事件紀念日」，必須在芝山岩上舉行盛大的祭典。

◀芝山岩事件六位教師合影遺照；其事蹟被總督府塑造為師範教育典範。

▶學務官僚遭難碑的版畫。

▲六氏先生殉難前遺留下來的遺物。

一九三〇年時，更興建芝山岩神社，供奉六氏先生與在臺灣過世的日籍教育工作者。六氏的故事還被納入小學課本中，每到六氏殉難日，臺北城內的學校便會安排小學生上芝山岩參拜，遠在外地的也會在學校舉辦紀念儀式，甚至連小學生的修學旅行，也會將參拜芝山岩神社列入行程。總督府相信，在如此的言教、身教下，臺灣的孩子們將永遠記得這偉大的故事。

只是，歷史總是戲謔多變，二次大戰後，臺灣政權興替，中華民國政府的師範教育強調中國儒家傳統的「有教無類」、「傳道授業解惑」思想，不再灌輸這種為教育奉獻在所不辭的日式犧牲精神。五十年後，同樣是芝山岩六位老師的遭難故事，殺害者卻成為抗日的民族英雄，如今，誰還會記得荒煙蔓草間的「六氏先生之墓」與「學務官僚遭難紀念碑」，在百年前曾是臺灣師範精神的新起點。

小學的前身

國語傳習所

> 本所雖然是以傳習國語為主旨，但也經常注意道德的教訓和
> 智能的啟發；道德的教訓是以尊皇室、愛國家、重人倫以培養本
> 國精神為趣旨。
>
> ——西元1896年　〈國語傳習所規則〉

　　根據伊澤修二的〈臺灣教育意見書〉，日本統治臺灣之後，
最重要的工作就是普及日語，讓臺灣人和日本人在生活中能溝通
無礙，因此首先於一八九五年設立了芝山岩學堂，是為臺灣第一
所日語教育機構。

　　由於芝山岩學堂的日語教育成果豐碩，總督府遂於第二年逐
步在全臺各主要城市成立日語教學機構，廣泛培養臺人的日語能
力，這些教學機構便稱為「國語傳習所」。一八九六年總督府共

◀一九〇三年彰化公
學校首屆畢業生於
孔廟前留影，他們
是「傳習所」入學
「公學校」畢業。

設置了十四所國語傳習所，之後又陸續在各地增設多間傳習所與分教場（分校），它們便是日後各地小學的前身。

　　國語傳習所的「國語」，其實指的是日語。其學制基本上仿照西方的新式教育，教授包括國語、唱歌、理科等科目，作息時間也和舊有書房教育不同。對於臺灣人而言，這可是從未接觸過的新鮮學習方式，因此在傳習所成立之初，大家都抱著觀望的態度，願意送子弟入學的並不多。為了吸引學生前來就讀，傳習所可說是費盡心思，甚至打出免學費的優惠。之後，隨著臺灣局勢

🔍 歷史放大鏡

十四所國語傳習所

臺北國語傳習所	成立於1896.07.09。 1898年改「大稻埕公學校」，1922年更名為「太平公學校」，為現今臺北市太平國小前身。
宜蘭國語傳習所	成立於1896.08.20。 1898年改「宜蘭公學校」，1941年更名為「宜蘭市旭國民學校」，戰後改為「宜蘭縣中山國民小學」。
臺南國語傳習所	成立於1896.09.01。 1898年改「臺南公學校」，1928年改為「臺南師範學校附屬公學校」，戰後仍為臺南師院之附屬小學，現稱「國立南師實小」。
鳳山國語傳習所	成立於1896.09.01。 1898年改「鳳山公學校」，現高雄市鳳山國小。
恆春國語傳習所	成立於1896.09.01。 1898年改「恆春公學校」，現為屏東縣恆春國小。
嘉義國語傳習所	成立於1896.09.01。 1898年改「嘉義公學校」，1932年更名為「玉川公學校」，現為嘉義市崇文國小。
滬尾國語傳習所	成立於1896.09.07。 1898年改「滬尾公學校」，1911年改為「淡水公學校」，即現今之新北市淡水國小。
鹿港國語傳習所	成立於1896.09.10。 1897年改「彰化國語傳習所鹿港分教場」，1898年更名為

逐漸穩定，日人移民臺灣者日漸增多，日語慢慢成為臺灣人民現實生活中不可或缺的溝通工具，於是進入傳習所就讀的人愈來愈多，有些地區甚至主動向總督府要求興學，在這種情況下，國語傳習所的數量自然就與日俱增了。

西元一八九八年，由於學制的改變，臺灣總督府下令將全臺所有國語傳習所改設為「公學校」。國語傳習所完成它階段性的任務，光榮的功成身退，而接下來的教育重任，就要交棒給更具規模與制度的新式初等教育。

	「鹿港公學校」，現為彰化縣鹿港國小。
澎湖島國語傳習所	成立於1896.09.10。 1898年改「媽宮公學校」，1920年更名為「馬公公學校」，1941再改「馬公市旭國民學校」，即為現今之澎湖縣馬公國小。
雲林國語傳習所	成立於1896.09.12。 1898年改「斗六公學校」，1941年改稱「斗六西國民學校」，戰後更名為「雲林縣鎮西國民小學」。
苗栗國語傳習所	成立於1896.09.15。 1898年改「苗栗公學校」，1941年更名為「苗栗東國民學校」，即戰後之苗栗縣建功國小。
基隆國語傳習所	成立於1896.09.16。 1898年改「基隆公學校」，1941年改稱「基隆壽國民學校」，現為基隆市信義國小。
臺中國語傳習所	成立於1896.10.05。 1898年改「臺中公學校」，1932年更名為「村上公學校」，戰後更名為「臺中市忠孝國民小學」。
新竹國語傳習所	成立於1896.11.25。 1898年改「新竹公學校」，為現今新竹市新竹國小前身。

▶日治時代學生入學前，學校會請家長填寫「入學願」（入學申請書）。

▶▶芝山岩頂，荒煙蔓草中的「故恩師紀念碑」。

◀公學校設置後，學生入學的人數逐年增加。

小學的誕生

第一所小學在哪裡

士林國小

> 士林風光真美麗，屯山蒼蒼淡河泱泱，我們學校在美麗的環境，老師勤教訓，同學好用功。
>
> ——〈士林國小校歌〉

　　走過太學、私塾、學堂到傳習所，我們終於進入了制度更完整的「小學」時代。現在的小學遍佈全臺各大小鄉鎮，孩子到了一定年齡就背起書包上學去，是件再自然不過的事，然而，你知道臺灣的第一所小學究竟是哪一間嗎？

　　答案是臺北市的士林國小。

　　士林國小的前身就是前面提過的芝山岩學堂，因此若從芝山岩學堂開設的一八九五年開始算起，士林國小如今已有百餘年的

◀西元一九一一年八芝蘭公學校第十屆師生畢業合照。

歷史。然而，令人不解的是，當初總督府為何會把這麼重要的第一所小學，設立在當時尚屬郊區的士林，而不是在殖民政府所在的臺北城內呢？其實，伊澤修二原本計畫將第一所日語學堂設在臺北最熱鬧的市區——大稻埕，但當時日軍才剛接收臺灣，臺北城附近的局勢並不穩定，為避免學堂遭到抗日份子的武裝襲擊，導致初起步的教育事業中輟，因而改變計畫另尋他處，而最後雀屏中選的地區，就是文風昌盛的八芝蘭（現今士林）。

伊澤修二選擇的新式學堂開辦地點，在八芝蘭地區原本的義塾所在地，即芝山岩惠濟宮中的文昌祠。直到今天，文昌祠前的水池上仍保存有一塊刻著「開校十週年紀念」的石碣，見證著此地身為臺灣新式教育發源地的重要地位。後來芝山岩學堂歷經一連串學制的修改，變成八芝蘭公學校，校址也從惠濟宮搬到芝山岩山下，也就是現在的士林國小。

身為臺灣史上第一所小學，士林國小不僅背負著令人欣羨的顯赫身世，校史館內還收藏有數量驚人的珍貴歷史文物，例如：學校的第一架鋼琴、日治時代的校史沿革誌、六氏先生的合照、校舍變遷平面圖，歷年來的校旗和校徽，以及從日治到戰後的歷任校長照片等。學校還曾經收藏一幅價值上億的名畫——〈湯島聖堂大成殿〉P101，由日本近代繪畫名家淺井忠所繪，如今已暫時交付臺北市立美術館代為保存。所有的校史文物都刻劃著歷史的足跡，不僅珍貴，而且意義深遠。

走在士林國小的百年校園內，幸運的是還可以看到日式老禮堂與早期「八芝蘭公學校」的古樸石柱校門，堅石上刻寫著蒼勁有力的老校名，隱隱散發著世紀的芬芳。

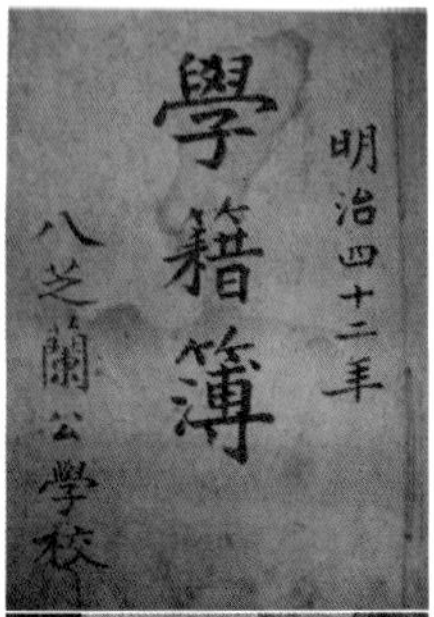

△八芝蘭公學校的學籍簿。

▲臺灣第一所小學士林國小，此圖為其在八芝蘭公學校時代的校門。

一國兩制
公學校與小學校

公學校以對本島人子弟施予德教、授予實學，以養成國民之性格，並使其精通國語為主旨。

——西元1898年 〈公學校規則〉第一條

在日治時代，彰化二水地區有兩所小學毗鄰而建：二八水公學校與二八水小學校，這兩所學校僅以一道綠籬相隔，但是綠籬的兩邊，卻是完全不同的兩個世界。

在公學校裡上課的是臺灣人子弟，學生大多光著腳丫，身上的粗布短衣上散佈著東一塊、西一塊的補丁，書包則是一塊大布巾，將書本裹成一個包袱背著上下學。另一邊的小學校則是在臺日人子弟就讀的學校，這裡的學生穿著乾淨筆挺的漂亮制服和擦得發亮的皮鞋，手中提著整潔的大書袋，抬頭挺胸的走進教室。除了物質環境的兩極差異，這兩所學校在師資、學生待遇、學校設施，乃至於教學內容上，都有截然不同的差別。這就是日治時代小學之間，特殊的一國兩制狀況。

日本的治臺政策，一直都是採取臺日不同的差別待遇，就連教育體制也不例外。從領臺之初，臺灣的教育制度就被規劃為臺日雙軌制，日人有其專屬的教育系統，臺人也有特別設計的教育體制。後來，隨著日本人到臺灣任職的人數日漸增多，日人子女的就學問題就成為一項急待解決的工作。因此，總督府便於一八九八年間，先在臺北、基隆、新竹、臺南四個較大的城市設

▲舊舊的臺灣衫、草鞋或赤腳是公學校學童的註冊商標。

▲小學校的學生總是身著筆挺的制服、光亮的皮鞋。

置小學校，作為日人子弟的教育機構，之後並陸續於全臺各地增建小學校。

　　臺灣小學校的課程與日本內地的學校並無二致，而專為臺人子弟設立的公學校，則以教授國語及國民道德為主。

　　雖然一次大戰後，在「大正民主」風潮的吹拂下，日本與臺灣都揚起「以平等無差別之待遇對待臺灣」的輿論，日本當局也在西元一九二二年發布第二次〈臺灣教育令〉，強調「內臺共學」的政策，不分日人臺人，都可就讀同樣的學校，但實際上，日人所讀的小學校仍以日語程度的差別為由，不太願意收不常用日語的臺籍兒童，因此日治時代的小學教育，仍大致維持臺灣人讀公學校，日本人讀小學校的情況，只有少數臺灣子弟能擠入小學校的窄門。

⚲ 歷史放大鏡

揮別書本嫁人去

　　日治初期，公學校的畢業典禮上，幾乎清一色都是男孩子，很少出現女孩的身影。究其原因，除了受到早期漢人社會「女子無才便是德」的傳統思想影響外，經濟條件也是一大主因。家境貧困的家庭根本無力將女孩送到學堂上課，而富裕的家庭雖然會讓女孩子入學，但通常也只到及笄之年，就會「避姑娘」，讓她提早畢業了。

　　在早期保守的農業社會，家長們送女孩入學，大多只希望她能識點字，並不指望她懂太多的知識，而女孩子長到十五、六歲左右，已由稚嫩的黃毛丫頭變為成熟的青春姑娘，不再適合和男生同處一室上課，因此在日治早期，學校的畢業典禮上當然就看不到幾個女學生的身影了！

◀一九〇九年，新竹
州聯合運動會上新
竹小學校和公學校
孩童站在一塊，一
邊的孩童身著和
服，另一邊則是長
袍馬褂，形成有趣
且強烈的對比。

▶公學校的畢業典禮
上很少看到女生的
身影。

制度與法條

翻開日本書
小學新科目

> 從公學校一年級開始，首先教了日語的五十音。關於「阿伊宇也奧」從嘴巴張開的方法到發音的方法，都反復再三地學習。
>
> ——日治文學作家　龍瑛宗〈夜流〉

　　在公學校裡，臺灣的孩子們究竟讀些什麼課程？和清領時代的書房教育又有什麼差別呢？

　　在一八九八年總督府公布的〈臺灣公學校規則〉中就有明白的規定，當時公學校上課的科目包括了：國語、修身、算術、唱歌等等。到了一九三〇年代，總督府所制定的新科目則有了些許修正：

▶日治時代公學校國語科的上課情況。圖中的課文標題為〈模型飛機〉。

一至三年級：修身、國語、算數、繪畫、唱歌、體育、漢文。

四年級：除了三年級以前所學的科目之外，再加進理科（自然）。女學生則增加了實業科——裁縫及手藝，也就是現在的家政課。

五、六年級：在四年級的課程之外，又增加了國史（日本歷史）、地理，男學生還必須加習實業科——農業、商業、手工。

這些日治時代的公學校課程，事實上跟戰後國民小學的科目是大同小異的，只是科目名稱雖相同，教學內容卻是天差地遠。例如當時的國語是教授日文，修身課則以道德教訓為授課內容，等於是國民政府的「生活與倫理」或「公民與道德」。

在規範公學校教學的法令〈臺灣公學校規則〉中，開宗明義的指出：「授人道實踐之方法，使嫻熟日常之禮儀作法，並授教育敕語之大意及本島人應遵守的重要制度之大要。」說明修身課主要就是在教育臺灣的孩子成為一個日本人，因此總督府相當重視這門科目。

此外，歷史科教導孩子們了解日本之國體及培養國民精神；地理科則是「為了使本島人知道帝國臣民之名譽及幸福，有使知我國情勢之必要」。可以看出，大半的科目都是在告訴學生，自己是一名「好日本人」。

中日戰爭爆發後，戰爭對象是與臺灣同為漢民族的中國，為了讓學生分清敵我意識，因此當時幾乎所有的科目都在強調「日本是神之國」、「為國犧牲是偉大情操」的精神。公學校的教育不再只是希望孩子做個「好日本人」，而是更進一步的要求所有小學生在東亞共榮的旗幟下，做個忠君愛國的皇國少年，為天皇與大日本帝國犧牲奉獻。

▲ 繪畫科的課本。
▲ 漢文科的課本。

翻開不同時代的小學教科書，你將會發現世代的轉變竟然如此的巨大，以前曾視為理所當然的語言、文字、國家等等，都因為統治領導者的改變而有了一百八十度的大轉彎，然而，學子們也只能乖乖地重新學習「另一個理所當然」。

　　相同意義的內容，在不同的時代卻需要用不同的語言表達，歷史虛幻的無常轉變也在這裡體現無遺……。在這當中，唯一不變的是孩子們那顆純淨樸實的心靈，依舊熱切的期待翻開課本，探索浩瀚的知識與國家的意識。

🔍 歷史放大鏡

日本老師叫什麼？

　　如果有機會翻開日治時代小學的教職員名簿，就會看見教諭、訓導、囑託等一堆有點陌生的名詞。這些名詞其實都是教師的職稱，代表教職位等上的差別。「教諭」就是現在的「正式合格教師」，「訓導」則是指「輔助正式教師的助手」之意，而「囑託」就等於現在的「約聘人員」。

　　日治前期，臺灣小學的合格教師分為教諭與訓導兩種，只有日籍教師可擔任教諭，臺籍人士即使受過師範教育，擁有正式的教師資格，卻僅能擔任訓導——由於日本人是殖民者，臺籍教師的職位等級註定永遠比日人低一級，薪資福利也有差異，實為臺灣與日本人民差別待遇的又一例證。

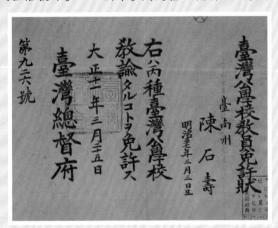

制度與法條

警察當老師

原住民教育

> 建議蕃人教育施設之籌畫，應依各蕃族開化發達程度，以埔
> 里社——即全島中央為中心，分為南北二大部。
>
> ——臺灣總督府警務局《理蕃誌稿》

　　日本統治臺灣之後，為了開發豐富的山區資源，因而對「理
蕃」工作相當重視，連帶的對原住民教育也就非常關心。

　　日治初期的原住民教育分成兩大系統：一種是由總督府民政
局殖產部所轄的蕃童教育所，隸屬於經濟開發機構；另一則是文
教局學務部設置的蕃人公學校，歸正常的教育部門管理。臺灣總
督府治臺初期的理蕃政策，是以原住民部族是否歸順日本政府為

◀蕃童教育所的上課
　情況。

衡量標準，但又以智識程度差別為藉口，將原住民分作南北兩大部，例如為更有效率的開發北部山區的樟腦，日本政府常與當地原住民產生衝突，故北部的原住民教育全由殖產部設蕃童教育所負責教化，而埔里以南衝突較少的區域則以蕃人公學校為主。

蕃童教育所和蕃人公學校在師資與教學內容上並不同，蕃童教育所的老師直接由當地管理治安的日籍警察擔任，蕃人公學校的師資來源則和平地一樣，大都是師範學校出身。此外，蕃童教育所的教材都經過特別制定，內容較簡單，圖片安排也較多。

臺灣的第一所蕃童教育所，是位於嘉義的達邦蕃童教育所，而臺灣的第一所蕃人公學校則是位於屏東的蚊蟀公學校，也就是現在的滿州國小，它的前身是豬勝束國語傳習所，專門教導恆春地區的原住民兒童學習日語。日人在當地立了一塊「高砂族教育發祥地紀念碑」，現今仍位於原址供人憑弔。

一九二二年日本發布第二次〈臺灣教育令〉，廢除蕃人公學校的名稱，改用一般公學校的命名，「蕃人公學校」從此在教育體制中消失，至於蕃童教育所，則仍獨樹一幟的存在著。

▶《蕃人讀本》的內容都很簡單，字少圖多。

雙軌並進內臺共學

教育法令

常用國語者的初等普通教育依小學校令施行。

不常用國語者初等普通教育的學校為公學校。

——西元1922年 〈臺灣教育令〉第二、三條

＊註：當時的「國語」為日語

在日治時代，臺灣總督府曾頒布多項重要法令，其中有幾項關於教育的法規，對日治五十年的小學教育影響至為深遠。

臺灣公學校、小學校規則

日本統治臺灣初期，首先設立國語傳習所作為普及日語的教育機構。當成效日漸彰顯之後，臺灣總督府便於一八九八年公布〈臺灣公立公學校規則〉，以地方的經費開辦公學校，直接將各地的國語傳習所改為不同年制的公學校，並且明定學校教授的科目、師資、例假日等。〈公學校規則〉的第一章第一條即說道：「公學校以對本島人子弟施予德教、授予實學，以養成國民之性格，並使其精通國語為主旨。」由此可見，總督府設置

◀〈臺灣公立公學校規則〉的公布，讓公學校的組織與教學內容步步上軌道。

公學校的最終目的，其實還是為了普及日語，並培育優良的國民人格。

在此同時，總督府也為在臺日人的孩子頒布了〈臺灣公立小學校規則〉，明定日人子弟就讀的小學校之科目、師資與組織架構與日本內地一致。從此，臺灣的初等教育就成為內臺不共學的雙軌制。

臺灣教育令

西元一九一九年之前，臺灣總督府對於臺灣的教育事業，並沒有一套完整而有系統的制度，各級教育機構皆是依循總督府頒布的學制、規則和學校令來開辦。直到一九一九年，日本頒布〈臺灣教育令〉，臺灣的各級教育系統才正式確立。

依據〈臺灣教育令〉，臺人就讀的學校，其教學內容與學制和日本本土不同，而日人就讀的學校則直接依據日本國內的教育令辦理，形成臺日雙軌的型態。依照總督府的說法，這是因為臺灣歸屬日本的日子尚短，人民學習日語的程度不同，所以才做如此區隔。

▲日本大正天皇嘉仁（一八七九～一九二六），在位十五年。其在位期間是日本政黨政治的黃金時期，故有「大正民主時代」之稱。由於在國內民主風氣及國際民族自決思潮的影響下，日本對臺灣的殖民管理也較開通，〈臺灣教育令〉便是在此種環境下所頒布的。

▼第二次〈臺灣教育令〉，雖明定內臺共學，但在初等教育中，共學的情況仍不多見。

一九二二年日本重新頒布新的〈臺灣教育令〉，明定臺灣中等以上的學校，不論臺人和日人都可以就讀，即所謂的「內臺共學制」。短短三年時間，日本政府在教育政策上卻有如此大幅度轉變的原因，主要是為了安撫一次大戰後臺灣興起的民族運動。不過，在小學教育方面，雖有共學的規定，實際上卻只有極少數常用日語的臺籍家庭兒童，才能進入專供日本人就讀的小學校上課。

◀〈臺灣教育令〉是日治時代重要的教育法令。

二次大戰時，臺灣成為日本南進的基地，日本政府鑑於國際局勢瞬息萬變，為求皇祚淵遠流長，乃在臺灣發起皇民化運動，希望臺灣能夠徹底與日本內地同化，於是在一九四一年三月再次修正〈臺灣教育令〉，改變初等教育制度，並且依照日本內地的〈國民學校令〉行事。自此，不論公學校或小學校，一律統稱為「國民學校」，可是實際上各校的經營情況，與先前並無太大的差異。

星期二
日治時代小學生

書留

當父母懷著忐忑不安的心情
害怕孩子進入學校上課
會被日本人抓去當「日本兵」時
臺灣的孩子們
早已期待體驗另一種截然不同的新式教育
一種比鳥籠般的傳統書房
更自由、更活潑更有系統的學習生活

透早來升旗

朝會開始

　　日本時代，峨眉國小的升旗臺是在學校東邊的半山腰上，每天朝會時，升旗手都要爬上小山坡升旗，全校師生正好面向東方，遙拜日本天皇。

——峨眉國小前校長　姜信淇

　　還記得小時候，站在操場上參加升旗典禮的經驗嗎？熱烘烘的陽光曬在身上，口中唱著國旗歌，看著國旗迎風搖曳、冉冉升空，也許心中偶爾也會泛起一陣感動。

　　在日治時代，日本人十分重視朝會活動，認為早晨舉行朝會可以提振學童勤學向上的精神。當時的朝會儀式包括唱國歌、升

▶日治時代臺北安坑公學校的朝會。

旗、朗誦教育敕語、面向東方（象徵日本皇室的方向）致敬、師長訓話等，而升旗則是其中最重要的儀式，因為它凝聚全校師生的目光，不僅有收攝身心的安定作用，也象徵學校一天的開始。當時的國旗，當然就是日本的國旗「日之丸」，所唱的歌則是〈君之代〉。

〈君之代〉是日本的國歌，雖然只有短短四句歌詞，但內容藉由描述長滿綠苔的千年巨岩，隱喻日本萬世一系的天皇世家，將會昌盛繁榮直到永遠。

臺灣的孩子們每天早晨就這樣一邊吟唱著〈君之代〉，一邊注視著太陽旗緩緩上升，緊接著誦念天皇敕語，面對東方鞠躬行禮，於是皇國臣民的思想便一點一滴的滲入每顆小腦袋中，孩子們自然對日本產生認同感，由此可知朝會其實還背負著相當重要的培養國家民族意識的功能。

戰後的小學朝會儀式幾乎沒有太大的改變，只不過一顆紅蛋的太陽旗換成了青天白日滿地紅，除了國歌外又多了一首升旗歌，而國家則從日本改變為中華民國。

▶ 一九二九年老松公學校的朝會，朝校內神社行禮。

▲ 戰後朝會上的「日之丸」變成「青天白日滿地紅」。

▲ 日治朝會時，師生整齊劃一的向東方行禮。

49

隨著時代的改變，現在小學的共同朝會已逐漸減少，不像以前每日舉行，有的學校更只剩下每週兩、三次了，而升旗儀式雖然繼續保留，但已較以往簡化許多。這樣的改變，讓小學生們能更快樂的上學與利用清晨的活動時光，但在父母的眼裡，總覺得孩子的小學生活似乎少了點什麼，少了點陽光下的注目禮與報告不完的師長訓話吧！

◀一九四二年新竹峨眉國民學校的朝會，師生動作整齊嚴肅，透露著濃濃的軍國氣氛。
▶行舉手注目禮，是戰後小學生的升旗禮儀。

🔍 歷史放大鏡

君之代

　　日本國歌〈君之代〉是世界最短的國歌，全歌僅四句，歌詞取自西元十世紀的《古今和歌集》，其意義為：「天皇之朝，千代八千代，直到小石變巨岩，岩上生滿綠苔蘚。」日本原無「國歌」，直至明治維新時，才有制定國歌的活動，幾經波折後，採用一位砲兵隊長大山巖（後為陸軍元帥）所選的詞，由宮內廳職人林滿守譜曲，於一八八〇年明治天皇生日時首次演奏，一八九三年正式制定為日本國歌。

　　〈君之代〉和日本國旗「日之丸」，在戰後因為充滿皇民化和軍國主義的色彩，未列入日本憲法中，成為沒有法源基礎的「國旗、國歌」；因此日本國內許多學校是不掛國旗、不唱國歌的。直至一九九〇年代，日本政府開始要求各級學校唱〈君之代〉及掛「日之丸」，引起「國旗和國歌認同」的論戰，甚至導致一位高中校長因受不了「畢業典禮是否掛日之丸、唱君之代」的輿論壓力而自殺。雖然如此，日本政府仍獨排眾議，於一九九九年將國旗、國歌法制化。對現代日本人來說，〈君之代〉或許是世上最沉重的國歌。

君が代

君が代は

千代に八千代に

さざれいしの

巖となりて

こけのむすまで

學校的象徵

校旗校徽

　　很少有人會去留意校旗與校徽，因為朝會時並不升校旗，而校徽也只是學生帽上的繡花圖案而已，但有時在校外的運動場上，看到校旗迎風飛舞，你心中是否也會泛起一陣感動？

　　對孩子們來說，校旗是離學校生活很遠又很抽象的東西，只有在特殊的場合如運動會、畢業典禮等活動中，才會看見它的身影。但是對學校來說，校旗卻是不可或缺的物品，因為它代表了學校的精神所在，是每所學校最重要的標誌。

　　小學校旗的演變相當有趣，大約在日治中期之後，臺灣各地小學開始擁有自己的校旗；二次大戰後，由於政權的轉變，所有小學都重新制定新的校旗，因此臺灣的小學一般都擁有兩面以上的校旗，可惜的是，許多歷史悠久的小學都沒有將歷代校旗完整保存下來，如今想一窺日治時代小學校旗的風貌，已不是那麼容易了。

　　日治時代的校旗，通常只是將校徽與校名繡在布上，但做工卻相當精美，製旗的布料大都是材質甚好的深色綢布或厚絨布，旗面上的校徽圖案則是用絲線一針針縫繡上去的。

▶松山國小日治時期的校旗。

校徽都經過特別設計，有的還會與當地文化作結合，充分展現學校的人文特色。旗子邊緣一般會綴以絲繩穗子，讓整面旗幟看來精緻高貴。由於材質與繡工紮實，沉甸甸的校旗幾乎是「八風不動」，要看到校旗迎風飛舞的畫面，可說是微乎其微。

　　精緻的校旗與旗竿，再加上竿頭裝飾物的重量，一般瘦弱的孩子不容易撐舉起來，因此執拿校旗的掌旗手，大多會挑選體格健壯的學生擔任，這樣的組合才能展現校旗的氣勢與學校的精神。可惜的是，戰後這些做工精美的校旗，幾乎都遭到銷毀或修改的命運，甚少得以留存。

　　相較於日治時代，戰後的校旗就顯得遜色許多了。或許是由於戰後物資匱乏，旗子的布料多是較便宜的材質，校徽的設計則以象徵國家的梅花為主，因此略顯單調。而在做工上，有些是以貼布縫合，有些是簡單的印刷圖案，更省錢的小學校甚至會因陋就簡，直接將日治校旗的校徽去掉，再補上現代的校徽，就算大功告成了！

　　整體而言，日治時代的校旗以深色系為主，不僅沉穩厚實且做工精緻，無形中散發出一股威嚴的力量與內斂的質感。戰後的小學校旗除了材料與製工不同外，多用活潑的亮色系，雖然熱鬧，卻略嫌美感不足，這或許是因為民族性與對教育的期望各有不同，而自然產生的差異吧？

▲明治尋常高等小學校的校旗。

▲高雄旗山公學校校旗上的校徽，繡工極為精美。

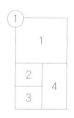

1　聯合運動會上的各
　校校旗；以及旗竿
　上的飾物。
2　新竹新埔國小的校
　徽，以象徵國家的
　梅花為主要設計。
3　桃園新屋國小日治
　末期校旗與上面的
　校徽。
4　九份國小日治時期
　的校旗。

記憶中的旋律

小學校歌

南臺節令天高氣爽，壽峰濃綠美麗青翠，

汪洋南海一望無際，怒濤海濱是我黌舍，

輝煌戰績身受邀請賽，我隊出場意氣沖天！

——高雄第一公學校應援歌〈南臺之天〉

　　每個小學生在音樂課上學習的第一首歌，除了國歌之外，大概就是校歌了！如果說校旗代表學校的陽剛形象，校歌應該就是學校的溫柔內涵。

　　臺灣小學開始有屬於自己的校歌，大約是在日治中期之後。當時的臺灣人普遍有個疑惑：上學就上學，為什麼還要唱校歌？

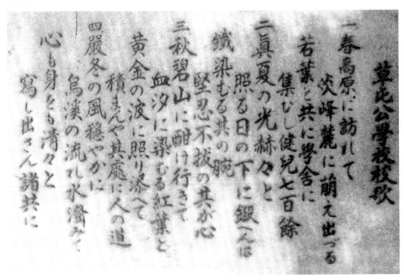

◀草屯國小日治時期的校歌，內容以春、夏、秋、冬為題，敘述草屯四季風光和學子求學感受，是校歌當中的上乘佳作。

但是在數十年之後，當大人們還能琅琅上口的吟唱出小學校歌時，才會恍然大悟——校歌中偷偷藏著兒時的回憶。

臺灣的第一首小學校歌，應該是八芝蘭公學校（今士林國小）校歌，由該校的音樂老師鈴木保羅譜曲，作詞者則是當時的臺灣神社祭司山口透，相當具有時代意義。

日治時代的小學校歌內容，通常會有二到三段，第一段描寫學校所在地的地方景色，第二、三段則會勉勵學生奮發勤學；用詞都相當文雅，不落窠臼。

此外，還有一個十分有趣的現象：在戰爭爆發時期，有些學校的校歌又會多加一段歌詞，這段新增的歌詞就十分八股了，通常是讚頌天皇及宣揚軍國主義，完全是皇民化運動下的產物。比方說，臺北太平國小日治校歌的一、二段，是描述學校周遭的自然環境之美，到了第三段便開始頌揚一九二三年昭和太子曾下榻於學校的無上榮譽。

此外，日治時代的許多學校還會有另一首在運動競賽場上唱的「應援歌」，或稱做「拉拉歌」，主要作用是為運動場內的選手加油，提振選手的士氣。若是體育名校，有時還會創作多首應援歌，例如高雄的旗津國小，在日治時代為棒球名校，便有好幾首應援歌，其中還細分為守備歌、攻擊歌、優勝歌等，這些歌曲同樣都是代表學校，所以也算是校歌的一種。

▶日治時期萬丹公學校的學生樂隊，穿著整齊的制服演奏歌曲。

相對於日治時代的校歌，戰後小學校歌的歌詞就刻板許多了。戰後的校歌多是在一九五〇年代創作的，當時正逢中華民國政府撤退來臺，反共教育高揚，因此校歌的內容大多慷慨激昂，強調忠誠愛國、四維八德的精神，並以反攻大陸的目標作結語，好似所有的小學生都得肩負反共復國的重責大任，和日治皇民化時期的校歌有著異曲同工之妙。

不過，也有不少戰後校歌做得十分用心，詞曲皆十分優美，有些甚至是出於名家之手，例如淡水國小的校歌便是出自〈阮若打開心內的門窗〉的作詞者王昶雄之手，板橋國小的歌詞是臺灣新文學的先鋒張我軍所寫，苑裡國小的校歌旋律則由音樂家郭芝苑教授作曲。

「觀音霞光，大屯雪影，碧水縈繞，四季好景。」（摘自淡水國小校歌）你還記得小學的校歌嗎？是否還能哼上幾句呢？聽到熟悉的校歌自某地傳來時，兒時同窗一起讀書遊玩的景象，便會不自覺的湧上心頭，令人久久不能忘懷呢！

放牛種田

實業教育

所謂「實業教育」，其實只是農業教育而已。所以，有野心
的校長們，認為對這方面的努力最容易出風頭。原來農業教育主
要是提倡勞動，因此一般教員對此內心都不喜歡，都持冷漠的態
度，不肯盡力而為，僅僅是敷衍應付而已。

——客籍文學家　吳濁流〈功狗〉

　　日本治臺最重要的目標之一，就是開發臺灣產業以獲取寶貴
的資源，因此對臺灣學生的技職教育非常重視。除了一般課堂上
常見的智能課程外，在小學教育中也教授實業課程，甚至附設有
二年制的實業科。

　　當時臺灣小學生所學的實業項目，可說是男女有別。男生到

▶一九四二年，松山
國民學校的小學生
在學校農場上採收
作物時，師生們一
同合影留念。

了五、六年級，便得開始學習農業、畜牧、商業、手工等實業科目，而女生則是在四年級時開始學家政、織縫、手藝等。雖說這些都屬於簡易的入門課程，但學校老師在教授這些課程時卻十分專業，例如農業課程，除了教導學生們基礎的農牧知識外，也會在校園裡設置農場、豬圈、牛舍之類的設施，讓孩子們實習。

　　因此，你若翻開日治時代學生的畢業紀念冊，通常都會看到一群小女生圍坐在大桌子前上縫紉課的畫面，或是家政課烹飪菜餚的影像；不過，更常出現的是男孩子們在學校的農園裡種甘藍菜、地瓜或苧麻，以及在農舍中養豬餵牛的照片……，這些都是日治時代學校生活照最喜歡取材的對象。

▲ 日治時代校園農場的占地都很廣闊。

▼ 養豬是日治時代小學高年級的實業課程之一。因此，許多學校除了農場之外，也會有豬圈的設置。

▲ 烹飪課上，女孩子們正享用自己烹煮的成品。

1 3
2
  4
    5

1 日治時代新莊公學校女學生於實業課上學習裁縫編織。

2 一九二七年新埔公學校的校園收穫祭祭壇。學校農場作物收穫時,第一批收成須供奉給天照大神及豐受大神以示感謝。

3 實業課上,除了學種農作物,還得學做堆肥、除蟲、割草等農業知識。

4 萬丹公學校師生在農場幹活之後,大夥裸裎相見,於井邊沖涼,享受片刻悠閒。

5 農作物種得健康漂亮可參加比賽!

有趣的是,臺灣一直以來就是個農業社會,許多小學生自幼便已在家中幫忙農務,對於農務工作必然不會陌生,為什麼學校還要大費周章的開一門農業課程呢?其實,除了增進學生們的實業技能之外,或許當中也有灌輸日本的農牧實業技術較臺灣傳統農業更為先進的意味。話說回來,在實業課程的教育下,孩子們能夠親自將農場上耕種畜養的收穫拿到市場上販賣,或是全校師生一同享用親手灌溉的收成,從中學習到自力更生的觀念並體認農家生活的辛苦——不論日本當初為臺灣小學生制定實業課程的目的為何,這都是一項極有意義的課程。

誰比較幸福
小學生活作息

現代的小學生面對沉重的課業壓力與冗長的上課時間,總是期待下課鐘聲的響起與放假日的到來,那麼百年前的小學生活作息又是如何呢?

根據一九三九年臺灣教育會出版的《臺灣教育沿革誌》記載,日治初期的國語傳習所階段,小學生在學校的上課時間,大約是從上午八點至下午四點,中午休息則長達兩個小時。接下來的公學校時期,總督府規定每週上課時數從二十三小時到二十八小時不等,並規定星期日為休息日,星期六下午不上課,作息時間和現代小學差異不大,但在學年計算與放假日的規劃上,就有明顯的區別。

◀日治時代小學生上工藝課的情形。日本政府不但引進了新式教育,也將西方的作息時間觀帶入臺灣傳統農業社會裡。

61

敲打著快樂的校鐘

　　若要問小學生什麼是校園裡最悅耳的聲音？十之八九會回答：「下課鐘聲！」沒錯，大部分小學生上學總是不情不願，苦著一張臉；放學則是眉開眼笑，互道明天再見。不管是清脆的敲鐘聲，或是悠揚的現代電子音樂聲，對孩子們來說，這些代表下課的鐘聲，都是能解放一天疲憊的悅耳天籟。

　　每個學校幾乎都有一座老校鐘，不同小學所保留的老校鐘也型式各異。從日治到戰後，一般最為人所熟知的是鈴鐺造型的校鐘，這大多是畢業校友或地方士紳所致贈，鐘身上有時會刻著贈送者的大名與年代，無形中也做了歷史的見證。此外，有的校鐘造型古樸，宛若中國的古老銅鐘。但最有趣的還是克難的鐵鐘！在民生物資缺乏的時代，有的學校僅用一塊殘缺鐵片掛在校樹上，就當成簡單的作息鐘。戰爭時期，有些學校甚至會將遺留的炮彈殼切割成校鐘的形狀，充分發揮資源回收的精神。

　　如今，老校鐘的地位已被電子音樂鐘所取代，但是許多小學校園裡依然會掛著那口古早的校鐘，偶爾校園停電時，它還是很有用的。下回返校尋找師友時，別忘了聽聽這位忠實老友的清脆之聲喔！

日治時代學年的起始日是四月一日，其間分為三個學期：第一個學期是從四月到八月，第二個學期是九月到十二月，第三個學期則是由一月到三月。那時的暑假是從七月一日到八月二十日，較現在短了幾日，而且還少了寒假，只有在元旦有六天年假，和三月底的三天「學年休」，也就是學年末的結業假；平常如遇到日曆上印有國旗的「祝祭日」（國定的慶典和祭日）、臺灣始政紀念日（日本開始統治臺灣的日子）、臺灣神社祭和天皇誕辰也會放假。這樣算下來，日治時代小學生的假日雖然不比現代多，但也不算少。

　　現今小學生的作息假日和日治時代大致雷同，都是上午八點上課，下午四點下課，中午則休息一個半小時。早期和日治時一樣，維持一週五天半的上課時數，但自一九九八年起，臺灣實施週休二日制，小朋友一週只需上五天課，而且一個學年只分為兩學期，從八月一日開始起算，暑假和寒假也比日治時代來得長。這樣比較起來，不知道現代的臺灣孩子們會不會稍微覺得幸福一些呢？

追趕跑跳碰
新鮮體育課

> 家母對運動比賽，根本不贊成，所以無論我得了什麼軍什麼標，她不但不高興，反要罵我一頓，以為運動過激會損害身體，只為學校爭光榮，自己犧牲健康，這是犯不著的。
>
> ——臺灣文學家　張深切《里程碑》

以現代人的眼光來看，學校課程中有體育課是再正常不過的事，但是你知道嗎？百年前當日本人引進新式教育制度時，最讓臺灣人無法理解的課程，就是體育課！對當時的家長而言，由日本老師來教臺灣孩子怎麼活動筋骨，簡直是不可思議，上學就是要讀書認字，而體育課所學的項目，怎麼看都像是遊戲技藝，這些根本不是一個讀書人該做的事。只不過，相對於大人的納悶，孩子們發現上學竟然還可以追趕跑跳玩遊戲，那可是說什麼也不能曠課的呢！

▶薙刀是女孩子學的日本傳統技藝。

　　日治時代的小學體育課相當多樣化，初期的體育課並沒有教授太複雜的運動項目，多是簡單的體操、身體動作的訓練，強調規律的運動，並藉著集合列隊的過程，培養學生的秩序與規律。當學校日漸普及之後，臺灣民間逐漸接受了學校教授體育的觀念，這時的體育課程也就跟著複雜得多，包括西方的運動競賽和球類運動，例如賽跑、游泳、單槓和野球等，此外還有一些日本的傳統技藝，像是相撲、劍道等，雖然這些都是當時日本青少年必學的技能，但對從未接觸過此類活動的臺灣孩子來說，卻真是一件相當新奇的事。

　　野球就是現今的棒球，日人引進棒球這類西方球類運動，主要是為了訓練學童們的團隊精神。由於打棒球需要全套設備，因此早期的棒球運動只有資金較充裕的日人小學校組隊比賽，之後才慢慢擴展到臺人的公學校，且逐漸蓬勃發展，甚至經常打敗日本小學生。

　　至於臺灣第一支正式設立的學生野球球隊，則不是在初等教

▲劍道是日治時代體育課中必學的日本傳統技藝。學校教授劍道，除了強身之外，不無灌輸學生日本武士道精神的意涵。

育，而是一九〇六年臺灣總督府國語學校中學部（今建中）的臺灣總督府中學校棒球隊，後來國語學校師範部（今臺北市立大學，前身為臺北市立教育大學）也成立了一支隊伍，兩支球隊並於當年春天進行了「臺灣史上第一次棒球賽」——至於以小學生為主的少棒，則要在一九二〇年以後，隨著日本內地少棒運動的普及，臺灣也才漸漸盛行；而最早的少棒賽記錄，應是一九二〇年十二月臺南第一小學校和橋仔頭小學校的比賽。

　　一九二三年，臺灣首辦全島中等學校棒球大會，由當時的臺北一中（今建中）取得優勢，也是首次代表臺灣出征日本的球隊（但當時比賽並非在甲子園），於是全臺興起成立棒球隊之熱潮。直至一九三一年嘉義農林學校首次參加第十七回夏季甲子園大會棒球賽，奪下準優勝，獲得「天下嘉農」的美譽，成為臺灣棒球史上非常重要的里程碑。

　　棒球之外，相撲、劍道這類東洋運動，則是肩負著發揚日本傳統武士道精神的重要意義，所以有許多學校都會有劍道部、相撲部的設置。

　　一九三〇年代中日戰爭後，在皇民化運動及軍國民教育的體制下，小學的體育課除了強健自己的身體外，多了一項「為國家鍛練體魄」的重要使命。原本應該是輕鬆快樂的「體操科」，變成了沉重嚴肅的「體鍊科」，並加重劍道及相撲等日本國粹運動，目的不外乎希望臺灣的孩子們除了課堂上的學科薰陶外，也能在體育課的術科教育之下，成為一位內外兼優的皇國少年。看來，自古以來政治跟運動還真是彼此牽扯不清。

1 當體育課剛傳入臺灣時，曾被質疑是「訓練臺灣小孩變成軍人，替日本人打仗」。

2 除了體育課中的劍道課程，有時學校也會成立劍道部。

3 日本人對游泳相當重視，這可能是和他們自稱為「海之國」、「海之子」相關。日治時代臺灣大都市的學校，大多會在校內設置游泳池，在夏季也會有類似夏令營的「臨海教室」，讓孩子們學習游泳。

4 單槓也是臺灣孩子們從未接觸過的西式運動項目。

5 小學體育課上的相撲競技。

6 日治時代的小學體育課可說是臺灣棒球運動的源頭。

新式廟會

運動會

> 此日的運動會，可說是毫無遺憾的大成功。在那麼寬闊的廣場上，幾無立錐之地，來參觀者中除了極少數的內地人外，皆是大稻埕等地的本島人。
>
> ——西元1905年 《臺灣日日新報·大稻埕公學校運動會》

一年一度的學校運動會，可說是小學生們最期待的校園活動了！這一天，小朋友們不用枯坐在教室中乖乖聽課，可以在校園和操場上到處跑跑跳跳，進行各種體育競賽，如果運動會和園遊會同時舉辦的話，那肯定會讓許多孩子在前一晚高興得睡不著覺。

運動會這項校園活動是在日治時代隨體育課程一同引進的，學校最初舉辦運動會的用意，主要是為了藉由競賽達到鼓勵運動的目的。剛開始，臺灣人無法接受體育課，連帶著運動會這種新玩意也引人側目，但當教育普及之後，小學的運動會卻成為地方鄉鎮的年度盛會。

當時學校的運動會多選在秋高氣爽的十月、十一月舉行，這個季節除了天氣適宜外，也是學校明定放假的「祝祭日」最多的時段，例如：十月的臺灣神社祭，是臺灣神社的祭日；十一月的明治節，是日本明治天皇的誕辰日。這些假日順理成章的成為學校運動會的日子，尤其是明治節，有些學校會在舉

▼日治時代最初舉辦運動會，是為了藉由競賽鼓勵運動。

行誕辰祝賀式之後，再揭開運動會的序幕，於無形中將天皇崇拜的觀念傳達給學生和民眾。

日治時代運動會的競賽項目和現今差不多，一般的體育競賽有接力賽跑、跳高、跳遠、障礙物競走等，而常見的遊戲競賽如：拔河、二人三腳、蜈蚣競走、運球賽跑、騎馬打仗等，在當時就已出現，當然還有體操、唱遊、舞蹈等表演項目。

當時小學的運動會通常會與地方活動相聯結，成為「街庄聯合運動會」。初期的運動會活動並未被臺灣人所接受，經過短暫

<table>
<tr><td colspan="2">1</td></tr>
<tr><td>2</td><td>3</td></tr>
<tr><td>4</td><td>5</td></tr>
</table>

1 一九〇七年彰化聯合運動會上的舞蹈表演，舞碼是「臺灣農村曲」。
2 上臺領獎的獲勝小選手們。
3 西元一九二八年臺灣東港地區聯合運動會的流程表。
4 日治時代的學校運動會是地方上的盛事，其熱鬧程度不下民間廟會慶典。
5 在日治時代幾乎每個臺灣孩子都是赤腳賽跑。

的適應，加上受到運動會舉行時，如傳統廟會般熱鬧景況的吸引，人們才開始慢慢參與其中，成為街庄連絡感情的活動之一，因此每當學校舉辦街庄聯合運動會時，總會有大批的地方官員及士紳出席參加。

　　除了大人小孩的歡笑聲與緊張刺激的體育競賽，在小學的運動會場上，還曾經發生過一件足以動搖日本殖民政權的大事——霧社事件。西元一九三〇年十月二十七日，泰雅族原住民便是趁著學校運動會上，日本警察與街庄士紳聚集的時機，發動抗日事變。當時霧社的六個泰雅族部落共同起事，在霧社小、公學校的聯合運動會上，殺盡所有在場的日本人，使原本應是歡愉嬉鬧的運動場，頓時變成一片血海，只剩少數沒有參加運動會的日本人逃下山來。霧社事件讓日本殖民政府高度震驚，立刻派兵鎮壓，造成當地泰雅族人幾乎被全數殲滅，為臺灣小學運動會史留下了一頁最血腥慘烈的紀錄。

▲日治時代小學運動會上的騎馬打仗。

▲日治時代七星郡的小、公學校聯合運動會的校門佈置，相當華麗。

▼新竹新埔街庄聯合運動會上面的舞蹈表演。

走出教室

小朋友大作秀
歡樂學藝會

　　每年一次或二次召開的學藝會，真的是父兄母姊最期待歡迎的。同時在學校內部，職員們各自拿出看家的藝術才能指導，兒童都非常認真練習表現。這對兒童或老師都是帶著微笑的回憶。
　　　　　　　　　　　　——彰化女子公學校　姚錫奎
　　　　　　　　《彰化女子公學校創立二十週年記念誌》

　　小學生都知道，每個學期總有這麼一天，是爸爸媽媽站在教室後面看大家上課的日子，在這天被老師點名答題的人，心中都是又期待又怕受傷害，答對固然讓爸媽揚眉吐氣，但若是答錯的話，那可就糗大了！這個日子叫做「教學觀摩日」或是「母姊

◀一九〇四年，旗山公學校低年級表演的舞臺劇——「雀之學校」。

「會」，它可不是戰後才有的特殊教學模式，早在日治時代就有類似的活動，當時稱做「學藝會」。

日本治臺後，為了幫助家長們了解教學狀況和孩子們在校情形，學校會舉辦學藝會作為和家長溝通的管道，到了一九一〇年代，學藝會已逐漸成為各所小學的年度重要行事。

在當時，學藝會通常是每學期舉行一次，剛開始就和現在的教學觀摩差不多，僅是邀請父母到校參觀上課情形，譬如數學計算、課文朗讀、日語問答等等，展現孩子們各科目的學習成果。但或許參觀平常的教學太過枯燥呆板了，一九三〇年代後，學藝會的內容有了極大的轉變，不再只是參觀上課，而開始以話劇、歌唱及舞蹈表演為主。有時學藝會還會擴大舉辦，成為跨校的區域性市郡聯合學藝會，讓整個活動成為學校和家長一起參與的大型同樂會。

如果問當時讀小學的老一輩臺灣人對學藝會最深刻的記憶，大概就是粉墨登場演話劇了。那時候，不管是幾年級的學生，都得上臺演出，這也是臺灣孩子接觸新式戲劇的初始。想當然耳，

▲兒童舞臺劇是學校學藝會中，相當受歡迎的表演項目。

舞臺上搬演的戲碼大多是日本的民間故事，例如浦島太郎、猴子
與螃蟹等。之後，到了皇民化時期，宣揚皇民精神與軍國主義的
節目就跟著變多了。當然，偶爾也會有睡美人這類西方童話故事
的出現，對演戲的孩子與看戲的家長來說，這些都是相當新奇的
文化接觸。

　　學藝會或許累翻了準備節目的老師們，但孩子們卻樂在其
中，成為日後美好的童年回憶。

▶學藝會上的學生作
　品展覽會場。
▲學藝會中日本傳統
　舞蹈表演。
▲一九二六年新竹第
　二公學校學藝會上
　的舞臺劇表演。

走出教室

沒事多種樹
校園植樹

> 大正十二年，裕仁親王以皇太子兼攝政王的身分來訪，次年裕仁結婚。為了紀念這兩件大事，臺北州訂了十年紀念造林計畫，因此改變了本地原有的植被生態。
>
> ——摘自陽明山國家公園〈造林記事〉

　　植樹節雖然最早源於古代的巴勒斯坦，但世界上卻少有民族像日本人一樣，如此熱中植樹這項活動，舉凡慶典、節日或週年紀念，都愛植樹慶祝。

　　在日治時代，有個節日叫做「天長節」，是慶祝在位天皇誕辰的日子，昭和年間，每逢此日，全國上下幾乎都要藉著植樹以示慶祝。不過，日治的小學植樹活動並不限於天長節，最常見的還有建校週年與畢業生的植樹紀念。每逢學校建校十位整數的週年紀念日時，校方必擴大舉行校慶活動，而校友回母校植樹便是

▶為紀念裕仁訪臺及成婚，總督府特在草山（陽明山）實行十年造林計畫。

▶▶一九一八年樹林公學校以植樹來慶祝建校二十週年。

當時常見的紀念活動之一。此外，畢業典禮時，畢業生集體種樹作為母校的留念，也是一項重要的活動，它象徵著為學弟妹們留下一片綠蔭。當今臺灣許多百年老校能夠綠蔭成林，這些在日治時代植樹的老校友們可說功不可沒。

除了以上幾項重要的植樹活動，遇到國家的特殊慶典，學校也會發起植樹紀念活動，例如慶祝當時的天皇登基，或是一九二三年的裕仁皇太子（即後來的昭和天皇）來臺巡幸，都是植樹的好理由。現今有些百年小學，如新北市石碇國小就有所謂的「昭和太子樹」，見證當年皇太子親臨臺灣的盛事。

日本人在臺灣鼓吹植樹活動，無法確知是否有政治的考量，然而不可否認的是，植樹對於綠化環境和環保的助益相當大，因此這項藉由植樹來慶祝節日，用綠色植物來美化環境的活動，可以算是日本留給臺灣人的一份良善遺產。還記得三月十二日的國父誕辰日為植樹節嗎？如果你看到現今臺灣的政治人物，也喜歡在重要慶典或節日時植上一棵樹以茲紀念時，或許就會明白，原來種樹的習慣是會傳染的！

▶ 臺北石碇國小內的「昭和太子樹」，是為慶祝「太子行啟」所種植，現今已成為假日遊客佇足休憩之所。

▲ 為臺北八里國小校園內的老榕樹，是慶祝天皇登基時所種下的。

▲ 日治時代的畢業生會在植樹後，立碑紀念。圖為臺北九份國小於一次校園整修工程中，在操場上挖出的畢業生植樹紀念碑。

愛國的旅行
校外教學

上午十時率領所有學生自分教場出發，至劍潭寺小憩，於渡船場搭到圓山公園，進行快活遊戲，下午三時渡至大龍峒船橋歸校。

——《士林公學校沿革誌》

日治時代期間，每個學校在學期中都會舉辦修學旅行，其實就是現代的遠足。和現在一樣，南部的學校多喜歡上北部旅行，北部的學校則選擇南下遊玩，而且大多會刻意安排到神社參拜的行程，例如若到臺北旅行，就前往臺灣神社參拜，到臺南就去開山神社等。這個動作代表著對日本神道的尊崇，也是皇民教育中相當重要的一環。

有時，一些較大的重點學校，或是日人就讀的小學校，由於生活富裕資金充足，甚至會遠到日本內地做修學旅行，這種超級豪華的修學旅行是當時，甚至現在的小學所做不到的，但即使到了日本本土，行程仍然是參訪

▶火車是日治時代小學生校外教學的交通工具之一。

1 神社參拜是日治時代學校修學旅行的例行公事。

2 新埔公學校的小學生們到臺灣新聞社做校外教學，此社是日治時代中部的大報社，社址位於臺中。

3 西螺公學校的師生到臺灣總督府圖書館參觀。

4 不論戰前或戰後，圓山動物園都是小學生校外旅行的熱門景點。

東京皇居，而在著名武將楠木正成的銅像下，或是二重橋前合影留念，也都是絕對不可缺少的旅行活動。對照戰後一九六○到一九八○年代末期，臺灣的小學舉行校外教學時，經常會到國父紀念館看國父、到中正紀念堂見蔣公、到忠烈祠欣賞衛兵操槍，甚至到大溪慈湖謁靈，其用意也就不言而喻。

　　對小學生的精神教育，大人們可真是用心良苦，即使是出去玩一玩、散散心，也不忘要在他們小小的腦子裡灌輸所謂的「忠君愛國」思想。不過，隨著民主社會的到來，校外教學的功能也更加多元，除了打開孩子們的眼界，也讓教室與現實生活多了一些連結，多了機會體會人與人之間不同的相處模式。

走出教室

相招來去日本廟
神社參拜

　　昭和十二年三月十八日，畢業生前往臺灣神社參拜。十一月十三日本校「愛國少女團」結團報告後，前往臺灣神社參拜。昭和十三年十月二十八日，舉行臺灣神社祭遙拜式。

——《樹林公學校沿革誌》

　　臺灣人對於日本宗教的印象，最深刻的應該就是神社了。神社是日本傳統的民間信仰「神道教」的寺廟，神道教和中國的民間信仰類似，是一種敬畏自然、崇拜祖先的多神信仰，其中還雜有天皇崇拜。因為傳說中日本的開國天皇——神武天皇，其父母是神道教的神祇，因此，天皇就是神的後代。

　　一般人總認為神道教是日本的國教，其實不然。原先神道教在日本國內和一般民間宗教並無二致；直到明治維新後，日本政府為了提高天皇的地位，才開始積極推行「神道國教化」，不過當時

▶彰化的和美國小仍然留有校內神社的石獅。

◀◀每逢神社祭典,小
學生都必須參與慶
祝活。

◀一九二六年十月二
十七日,南投神社
的鎮座祭(落成大
典)。

▶一九四三年北埔國
民學校學生參加竹
東神社祭典。

▼日治以臺灣神社為
圖樣的臺灣壹圓紙
幣。臺灣神社是當
時全臺等級最高的
神社,幾乎各級學
校都會安排學生來
此參拜。

推展的並不徹底,要到日本進入戰爭期,所謂「國家神道」的觀
念才真正被日本政府有計畫的植入民間。臺灣的情形也是如此,
日本治臺後,臺灣總督府便將日本神道教引進,但直到戰爭期
間,才更積極的推動以國家神道取代臺灣傳統民間信仰的運動,
讓人民認同並效忠日本天皇。

自此神社進一步成為日本思想教育的工具,並且充分展現在
國民教育中。從小學開始,每天朝會時,學生們都要遙拜日本皇
居,有些學校也會在校內設立神社,奉祀日本伊勢神宮的神宮大
麻。神宮大麻與臺灣廟裡的神明牌位類似,是以紙板做成的神
符,上書日本天照大神名諱。全校師生會定期舉行校內神社的祭
拜儀式,而沒有神社的學校,往往也設有簡易的神龕。

此外,一般小學生的日常生活教育當中,也包括了神社奉祀
的工作。當時公學校的學生,每星期都要由各年級輪流到神社做
清掃環境的工作,此外,神社奉祀還包括耕種「神饌田」。神饌
田指的是專門種植祭神用農作物的田地,在當時校地面積較廣的
學校,大都會有這樣的設置,而修學旅行也會帶學生至各地神社
參拜,如此一來,國家神道及皇民思想自然就在無形中逐漸深入
臺灣孩子的內心,成為生活的一部分。

喜悅與榮耀
獎狀和證書

平時喜歡板面孔訓學生的老師，也好像換了一副面孔，臉上的每一個細胞都似乎在輕輕跳躍。後頭是排成兩排的六個小朋友。其中幾個，手裡拿著獎品和獎狀，有一位還吃力地捧著一面鏡框。

——客籍文學巨擘　鍾肇政《魯冰花》

小學生最愛自師長手中拿到的獎勵，大概就是獎狀與畢業證書了。獎狀雖然只是一張薄薄的紙，卻代表著個人求學生涯的光榮回憶；而畢業證書，則是象徵小學求學過程的圓滿完成。一般

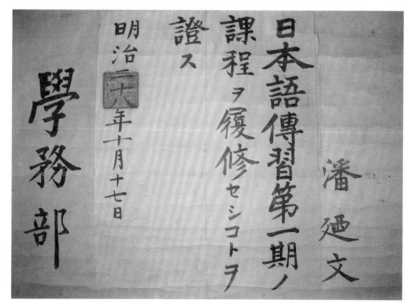

▶一八九五年芝山岩學堂修業證書，是全臺最早的小學畢業證書。

人對這兩項榮耀多會細心保存，也因為這樣，現在許多學校的校史室內，最常看見的日治文物，就是卒業證書（畢業證書）和賞狀（獎狀）了。

日治早期的卒業證書與賞狀，樣式相當簡單，紙質也較粗糙，僅是用毛筆字寫著受獎事由、人名、校長和校名等幾行字，四周既沒花邊也無圖樣做裝飾，但字體大多工整有勁。到了後期，隨著物質條件改善，證書的樣式就有了變化，不僅改用黑白或雙色印刷，偶爾還會有花邊或燙金飾邊的出現，不過內容仍大同小異。

全臺現存最早的小學畢業證書，是西元一八九五年由芝山岩學堂所頒發，由於初期學堂的課程只有半年到一年時間就結束，所以芝山岩學堂成立沒幾個月，就發出了第一張畢業證書，當時稱做「學業修了證書」，只要修完學堂的課程，學校便會發給證書以茲證明。以它近一百一十歲的年紀來看，保存情形可說相當

▶日治初期的克難畢業證書。
◣燙金花邊是日治中後期常見的獎狀或證書樣式。
▲八芝蘭公學校的修業證書。

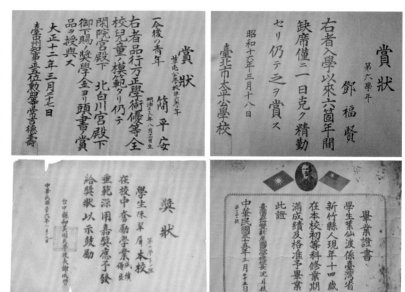

▶戰後畢業典禮上有縣長獎、議長獎等獎項，日治時代也有類似的閑院宮、北白川宮……等貴族獎學金。

▶▶太平公學校勤學獎的獎狀。

◀戰後初期受限於經濟環境不豐，獎狀和證書也常常會因陋就簡。

◀戰後新屋國小第一屆小學生的畢業證書；國父與國旗標誌是戰後最常見的獎狀、證書樣式。

完好，書面以毛筆字親手謄寫，字跡娟秀，並有臺灣總督府民政局學務部的官印，表示芝山岩學堂直屬於學務部管轄。這張全臺首張小學畢業證書，為臺灣新式教育留下寶貴的見證，目前存放在士林國小的校史館內。

戰後初期的畢業證書和獎狀，由於物資依然缺乏，所以紙及印刷品質也不佳。或許是為了配合青天白日滿地紅的國旗顏色，花邊的色彩也以紅、藍色為主，上頭則多了國父頭像與中華民國國旗或黨旗。隨著臺灣的經濟發展，證書和獎狀的製作品質和樣式也愈來愈精美，樸素的紅藍邊造型轉變成精緻的燙金樣式，政治符號也逐漸減少，但偶爾還是會出現梅花、禮義廉恥等較八股的文字符號。

玻璃黑板顯微鏡

懷念老教具

回憶小學時光，除了巍峨校舍、蒼翠校樹，你還記得什麼？
別忘了，有些東西靜靜的躺在教室的一角，等著你去發現它
的故事。

教具是小學生在課堂上最常接觸的物品，隨著時代的進步
與課程的變更，學校的教材與教具也不斷的演進。大多數的學
校會將汰換的舊教具報廢銷毀，但由於許多老教具相當有特
色，也極富時代意義，因此有些學校會把淘汰的老教具保存在
校史室，可以讓學生看到學校的演變。

說到教具，就不能不提到黑板。黑板雖然是學校不可或缺
的設備，卻最不易保存下來，因為只要是校舍改建，舊黑板就
難逃拆除的命運，
只有少數學校留有
木製的活動式老黑
板，算是倖存的時代
紀念品。其中最特
別的是，在臺南市
樹人國小裡，留有
一塊早期的「毛玻璃
黑板」，這塊黑板是
以厚厚的毛玻璃塗上

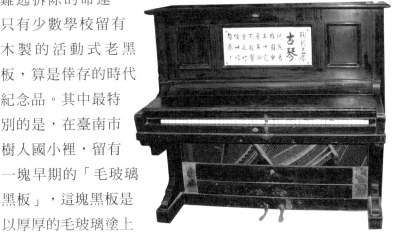

◀臺北士林國小的第
一架鋼琴；於一九
三一年購入，陪伴
士林師生度過三十
餘個寒暑。

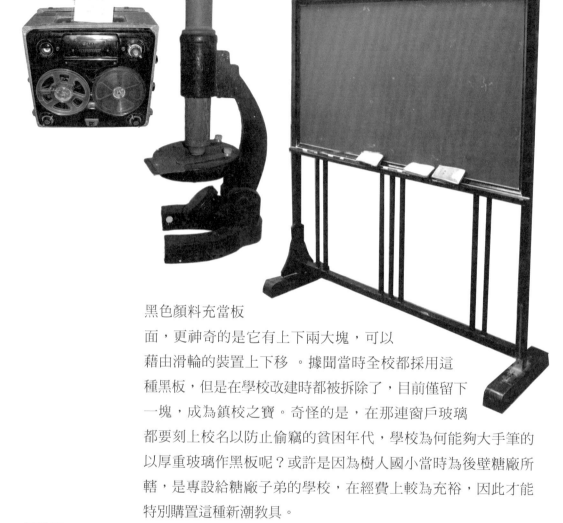

黑色顏料充當板

面，更神奇的是它有上下兩大塊，可以
藉由滑輪的裝置上下移。據聞當時全校都採用這
種黑板，但是在學校改建時都被拆除了，目前僅留下
一塊，成為鎮校之寶。奇怪的是，在那連窗戶玻璃
都要刻上校名以防止偷竊的貧困年代，學校為何能夠大手筆的
以厚重玻璃作黑板呢？或許是因為樹人國小當時為後壁糖廠所
轄，是專設給糖廠子弟的學校，在經費上較為充裕，因此才能
特別購置這種新潮教具。

　　許多保存有老教具的小學，都會有一、兩件日治時代的木
製教具，但沒有一樣比北市太平國小的木製顯微鏡更炫。據校
方表示，這種木製的教具絕大多數是戰爭時期遺留的，由於當
時戰況吃緊，日軍在民間大量徵調軍用物資，只要是可以製造
槍砲、鋼盔的銅、鐵等金屬製品一概徵收，就連學校裡的銅像
都被拆下來送入工廠煉鐵煉鋼製造武器，而平常需用金屬製造

的教具，自然就被迫改用木材來製作，因此才會出現用木頭作的顯微鏡，這可算是相當特殊的教具。

此外，最為人懷念的老教具，應該就是老唱片，因為它收藏著百年前的聲音。在日治時代，小學生上唱遊課時，多半有黑膠唱片配合教學內容，播放唱遊歌曲或日本歌謠，由於黑膠唱片容易破碎保存不易，因此歷經戰亂的洗禮，在一般學校裡早已不見蹤影。少數保存下來的黑膠唱片，內容除了唱遊外，也有戰爭時期教導學生躲避空襲用的防空唱片，裡頭全是各種飛機的聲音，讓學生學習辨識聯軍來襲的飛機聲響，以便迅速躲避。

至於戰後的唱片教具，除了一般體操、唱遊用的音樂唱片外，還有一些特殊時空下的產物，如愛國歌曲或保密防諜的教學唱片。另外，有一種唱片保存了你絕對想像不到的內容，那就是完整收錄畢業典禮實況的老唱片。

北市太平國小就保存有幾張一九六〇年代學校畢業典禮的實況紀錄，如果當年的畢業生有機會再重聽一次這樣的聲音，一定會陷入深深的回憶與無盡的感動中。啊！原來老舊的教具也充滿無盡的生命力。

1	2
	3
	4

1 臺南樹人國小仍存有全臺罕見的玻璃黑板。
2 臺北太平國小的第廿一屆畢業典禮實況紀念唱片。
3 日治時代的日語朗讀唱片。
4 在戰爭期間各種物資缺乏，學校教具必須更新再利用，於是出現「教具利用更生記錄」。

小學生戶口名簿

學籍簿

在小學的檔案室中，總是堆著許多陳舊散亂的檔案資料，別小看這些積滿灰塵的破舊文件，其中也許記錄著傳奇的校園故事，也可能是大時代的滄桑變化，等待有人去發掘……。

公家單位一定會有必須建檔、長期收藏的檔案資料，小學也不例外。這些資料通常是學校的一般行政文件，或是歷任教職員檔案，有些資料在一定年限之後便會銷毀，部分則須永久建檔，教職員檔案便是其中之一，歷屆學生的學籍簿也是。

學籍簿，顧名思義就是各所學校登錄歷年所有學生在學資料的本子，其中包括學生的基本資料，入學前的求學經驗，各科在校成績、操行分數、保健記錄等。按照規定，學籍簿必須永久保存，以便日後查閱，一般人如想查詢自己的小學學習記錄，只要到當年就讀的學校申請便能查到資料。

除了一般的學籍簿外，還有一種名為「退學兒童學籍簿」

▲學籍簿是必須永久收藏的學校檔案資料，學籍簿裡載有學生各項資料。
▶受限學校設備，各校學籍簿的保存普遍不佳。

的學籍資料，這種學籍簿專門記錄休學或退學學生的學籍資料，內容除一般學籍資料外，還會載明學生是因何種原因無法繼續就

◀◀專門記載退學學生的資料以及退學事由的《退學兒童學籍簿》。

◀有一些學校會以成績考查簿來代替學籍簿。

學，其中不外是操行不良、身體羸弱、家庭貧困等，讓後人可從中看到當時臺灣的求學環境。另外，學業成績表亦是相當重要的學童在學資料，只是內容較簡略，通常只記載學生歷年在校成績及操行成績，有些學校也會用學業成績表充當學籍記錄。

戰後由於政治因素以及風、水、火等天然災害，導致多數的學校無法將歷屆學籍簿完整保存下來，就算有些殘存的學籍簿，也因為臺灣高溫多濕的氣候以及不佳的保存環境，導致多數文本殘破不全，成為書蟲家族的養生大餐，因此，我們的下一代想要親睹父祖輩的學習記錄，恐怕是非常困難的事。

🔍 歷史放大鏡

通風報信有憑據

日治時代的家庭通信簿是老師與家長之間的書面溝通工具，它的性質類似小學的學期成績單。

當時的家庭通信簿內容主要記載學生的基本資料、歷年

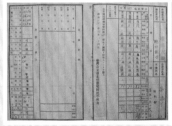

校長及導師、各學年各科成績和學生的身高、體重等生長記錄及學校的重要行事，有時也會有老師對學生的評語，讓家長了解孩子在校的情況。

「種痘印」是啥東西

猜猜老校印

> 紅紅的老校印，有著五花八門的身分，租借房舍有「借家料章」、掛號信件有「書留」章、發薪有「給料」章，連同學會會長、種痘登記、火災事件都有特製的印章……

學校在行政作業中一定會用到校印，一個公文從下到上跑一趟，上面除了密密麻麻的藍黑色的筆跡外，往往會蓋滿了各級單位的紅色印章，因此若能將校印保留下來，相信對了解學校的行政制度和還原歷史的面貌，一定都有不小的幫助。

現在還存有日治時代學校關防的小學並不多，因為改朝換代後，舊校印只能在交接典禮上象徵性的使用最後一次，之後就注定過著「只見新印笑，不聞舊印哭」的日子，正式終結了它的職業生命，再加上小小的校印很容易被當成垃圾丟棄或是遭到火燒水淹的摧殘，因此連許多百年老校也都僅有一、兩顆「傷印殘章」僥倖留存。

不過，也有少數幸運的學校能留下為數不少的老校印，如臺北大橋國小。據說這是戰後有位老師從廢物垃圾堆中搶救下來的，在收藏了數十年後，他決定全數捐出給學校保管。由於這位老師的遠見與傳承文化的眼光，讓大橋國小雖無百年歷史，卻可能擁有全臺為數最多的日治校印。

▶校外人士寄贈物品或書籍給學校時，校方所蓋的章。

以現代的眼光來看，小小的校印在嚴肅的行政功能外，還蘊藏有大大的趣味，因為這些校印的身分可說是五花八門，包括有發薪用的薪資章、種痘用的登記章、保護者會（家長會）用章，甚至連火災事件都有特製的印章。有些印章名稱讓人很容易就能猜想原意，有些則是抽象、古怪又有趣。

　　透過紅紅的老校印，不僅可一窺日治時代的小學生活與行政梗概，還可以玩遊戲喔！不信？猜猜看，看你猜對了幾個？

第 期種痘完了

給料寮母

書留

	1		6
2	3	5	7
4			

1 西元一九四三年大橋國民學校遭遇大火，為方便申請校產報銷，特別製作火災報銷申請印。

2 日治的少年團，類似現在童軍團，此為大橋少年團的藏書印。

3 「戰時勤勉手當」即為公務員的戰時勤務津貼。

4 「書留」意即掛號信件。

5 學校所有相關事務的章，通常會用小木盒收藏。

6 此章是在學生種痘之後蓋於通信簿中的，為的是確定學生接種的次數。

7 「給料」即給薪，此為學校宿舍的給薪女舍監印章。

星期三
世紀校園

那天
學校的大禮堂舉行落成典禮
校長和老師都穿上漂亮的大禮服
腰間的文官刀
亮得刺眼
看來既神氣又威嚴
今天
是建校三十週年紀念日
禮堂裡舉行慶祝大會
後山還建了一座紀念碑
老師說
大家都必須著制服
而且最好能穿鞋

文官禮服牛仔褲
老師世紀形象

老師的金質杓形肩章在陽光下閃閃發光，連腰際的佩刀也燦然生輝。……雖然警察先生也配掛肩章，可是那花紋卻有點像拉麵，而且老師的肩章看來要閃亮、神氣許多了。

——日治文學家　張文環〈重荷〉

　　回顧臺灣百年小學教育，師生的造型演變是一個相當有趣的歷程，不論是在服飾還是髮型上，每個世代都有著極大的差異及特色。

　　許多老一輩的臺灣人都知道，日治時代的男老師最常見的髮

▶文官服是日治時代學校教師在正式場合的禮服。圖為西元一九〇八年，南投公學校第五屆畢業紀念照。

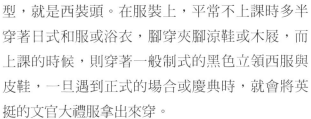

型，就是西裝頭。在服裝上，平常不上課時多半穿著日式和服或浴衣，腳穿夾腳涼鞋或木屐，而上課的時候，則穿著一般制式的黑色立領西服與皮鞋，一旦遇到正式的場合或慶典時，就會將英挺的文官大禮服拿出來穿。

校長老師們穿著文官服的裝扮，常可在泛黃的畢業照中看到：全身深色的衣褲，在黑色立領西裝的肩膀處，配戴類似肩章的黃色絲綢穗子，中間的鈕釦衣邊滾上金邊，而鈕釦當然也同樣是金色，腰間佩帶特製的腰帶與長刀，頭上則戴著一頂文官帽，相當氣派威嚴，只有訓導以上資格的教師才有資格穿。這身行頭看起來雖然像軍裝，實際上卻是道道地地由日本政府規定的文官大禮服，帶有宣揚日本皇國威儀的用意。西元一九一一年，日本政府將文官服做了部分的修正，把原先佩帶的長刀改成短刀，淡化威嚇的色彩，柔化文官的氣質。

相較於男老師的服儀，女老師的衣著就柔和許多。常見的女老師穿著多半是淡色襯衫配上深色裙子，外面會再加件深色外套，而西式的洋裝或套裝也經常出現，遇到畢業典禮等重要場合時，則以日式和服或和洋混和的禮服為主。

▶日治學校教師常見的穿著樣式。
▲日治學校教師的穿著，男性多是立領服裝，女性則多為白衫素裙。

　　二次戰後，日本教師均被遣送回國，取而代之的是從中國大陸各省撤退來臺的新移民。外省籍的男老師大多身著中山裝，就是一般常見的兩邊胸口皆有口袋的立領西裝，由於孫中山先生常穿而得名，偶爾也會出現長袍馬褂。本省籍男老師多穿白襯衫西裝褲，正式場合則均以整套西裝造型為主。女老師方面最常見的就是旗袍，不然就是兩件式的素色襯衫與及膝窄裙。其實，不只是學校老師做這樣的裝扮，當時一般政府機關的公務員也大都是這樣的穿著。至於髮型，男老師幾乎全是制式的西裝頭或大平頭，女老師也多是長髮包頭，或是比女學生長度稍微長一些的清湯掛麵，稍後電燙染髮也日漸普遍。

　　一九八〇年代，隨著社會的開放，老師的裝扮就更多樣了。男老師不再穿著沉重的中山裝或是老態的青年裝，汗衫、休閒衫、運動服、牛仔褲等大舉出籠，女老師的中式旗袍和窄裙也改為造型更新潮的洋服與名牌套裝，但仍以整潔莊重為原則。

　　如今老師穿著愈生活化與人性化，師生之間的距離也就愈親近，因此，若是在校園裡看到身材嬌小、長相可愛的女孩在一群學生中有說有笑，可別太隨便，因為你可能猜不出誰是老師、誰是學生哦！

▲青年裝（後排）是一九五〇、一九六〇年代常見的男老師服飾。

▲白襯衫配西裝褲是一九七〇年代男老師常見的裝扮。

▼到了戰後，學校教師在正式場合時，男老師通常是穿著西裝，女老師則為素衣窄裙。

服裝儀容檢查

從頭看到腳

小學生百年造型

公學校沒有學生制服，同學們各穿各的。我穿的是臺灣式的
衫與褲，衫叫做「對襟仔衫」，用鈕仔扣，褲是寬而軟的，穿上
後要疊合並用布帶子束緊腰部。我日常一下床就赤足踏地，大部
分是赤著腳上學。

　　　　　　　　——國策顧問　楊基銓《清水國小創校一百週年專輯》

從辮子到長髮

若將臺灣百年來的小學生照片一字排開，你會發現小學生造
型變化最明顯的，就是頭髮！日治初期辮子頭、中期後的光頭、
戰後一九六〇年代的平頭，到現在各式活潑髮型，趣味無窮。

◀日治中期後，公學
校的男孩多為光頭
造型。

95

　　日治初期，臺灣剛脫離清朝的統治不久，在生活習慣上大都延續著前朝的遺風，甚至連吸食鴉片、纏足、蓄髮留辮等惡習都沒有改變，這是由於日本政府害怕驟然變革會引起臺人的反抗，因此採取較為寬鬆放任的管理。於是，學校裡的男學生仍然是頂著光亮的額頭，後腦勺拖著一條長長的辮子上學，與梳著簡潔西式髮型的日本老師，形成強烈的對比。

　　當治臺的局勢漸漸穩定之後，日人認為臺人的舊慣惡習影響社會甚鉅，甚至會造成施政阻礙，因此決定推動生活革新，頒布法令針對辮髮等惡習採行漸禁政策。學校基本上是政府當局最容易推行剪辮的場所，因此男學生率先被要求剪去長辮，理成清爽的短髮，但當時一般社會大眾大多未響應。直到一九一一年由黃玉階、謝汝詮等人共同發起「斷髮不改裝會」，提出剪辮的呼籲，才在各地吹起剪辮的風氣，臺灣男人不分老少終於願意擺脫辮髮的綑綁。

　　進入日治中期，一來是因為頭髮清潔衛生的問題，二來也可能是小學教育開始強調軍武精神，男孩子的髮型便清一色改成光頭。至於女孩子的髮型變化，則是從早期常見的清末「鉸剪眉」（瀏海至眉頂齊）式髮型，變為日治中期規定的齊耳短髮（亦稱河童頭），不僅符合乾淨整齊的精神，校方也便於管理。

　　中華民國政府來臺初期，臺灣社會百廢待興，由於衛生環境

①②③

④

1 日治初期小學生的後腦勺上，不分男女都還拖著長長的辮子。
2 日治女學生普遍的髮型是耳下一公分的娃娃頭。
3 戰後初期小學生的髮型較為呆板。
4 在未規定學校制服前，學生多著臺灣衫上學。

不佳，為防範頭癬、寄生蟲等衛生問題，男女小學生的髮型大致延續日治時代的規定，但隨著經濟條件的改善，便逐漸放寬頭髮的限制，小男生的頭髮從光頭、小平頭到大平頭，小女孩則是從清湯掛麵式的「西瓜皮」，逐漸自然留長。

到了一九七〇年代後，小學生原本呆板制式的髮型開始有了較大的變化，男孩子不再以平頭為主，女孩子也不是只有直髮的單一髮式。學校雖不再硬性規定學生們的頂上風景，但仍會要求男生的頭髮不得過長，女生雖可燙髮，但髮型不可太怪異。

時至今日，小學生的髮型已愈來愈多樣化，也愈來愈能展現青春的活力，偶爾還會看到小男孩留著酷炫短髮卻在後腦勺處留下一撮長長的髮絲，隨風飄逸，於是你終於明白，原來百年前的清末辮髮，已是現今髮式的流行話語。

從赤腳到便服

「臺灣錢淹腳目」是流傳臺灣民間數 年的諺語，隱喻臺灣自古以來就是賺錢淘金之地，但諷刺的是，對早期農業臺灣的兒童而言，「窮到沒鞋穿」才是真正的生活寫照。

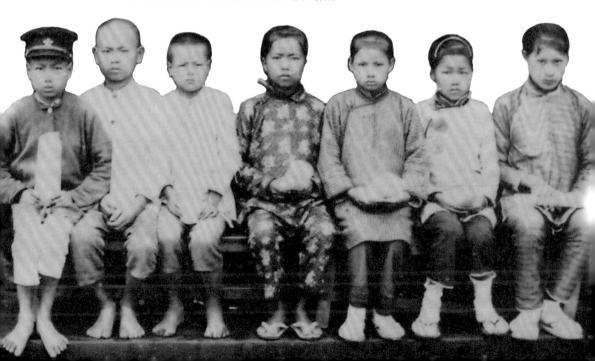

翻開日治初期的小學畢業照，不難發現新式學校設置之初，並沒有特別要求小學生要穿統一的制服，因此老師的穿著筆挺整齊，學生卻是百花齊放。

一般家境小康的子弟通常是上著臺灣衫，下穿大檔褲，腳上套著軟布鞋，就是當時服裝的主流。而最特別的是，女孩子還有裹小腳的習慣，直到一九〇〇年，黃玉階首先倡組「臺北天然足會」後，其後各地紛紛成立「解纏會」，臺灣小女孩的腳才終於獲得解放。

相對於富裕人家的小孩，一般務農子女的雙腳早就解放了。俗諺說：「現吃都不夠了，哪有多餘的曬成乾」，當時的清貧家

▲一九三六年，海墘厝公學校卒業紀念，畢業照上學生身著各式服裝。
▲戰後初期臺灣小學生的制服樣式。
▼公學校男孩的制服樣式。

庭連三餐都難有溫飽，哪有餘錢幫小孩添購衣鞋？因此孩子們大多是赤腳薄衣上下學，在日夜操勞下練就一雙「鐵腳功」與「金鐘罩」，穿上新衣新鞋反而彆扭不舒服。

隨著學制步上軌道，學校開始希望學生衣著統一，一九一九年，殖民政府頒布〈臺灣教育令〉，對學生的衣著服飾開始有明確的規範。制服以「日式西化」為風格，材質以棉質為主，男生制服上衣為襯衫領、對襟五顆扣，長褲要過膝並著黑皮鞋或白布鞋，帽子為軟式且其上須有校徽。女生制服則以白襯衫配藍背心裙為主，但「水手領」打領巾形式的上衣也很常見。此外，為求展現特色，也允許各校在制服上做一些設計變化。

二次大戰時，學生的制服又有了變化。為求減少空襲時的傷亡，衣服顏色改以草綠色為主，並須繡上名條以利辨識，女生制服則出現連身裙與工作褲的式樣。大體而言，戰時由於政經不穩，因此學校執行校服的規定就比較鬆散些，學生穿著也比較隨便了。

制服的規定對經濟條件較佳的子女並不成問題，因為專門的商店或裁縫店都可以訂製，但環境較差的人家就得向學校索取服裝的樣式圖，自己DIY手作。做好的制服往往得穿上好些年，而且是兄姊穿完留給弟妹穿，代代相傳直到破爛不堪。衣服還可以自己做，鞋子就困難多了，許多家庭買不起皮鞋，只能讓孩子不分寒暑的赤腳上學，直到畢業

◀校園衣著解禁後，穿著便服上學成為普遍現象。

典禮當天，他們依然只能隱身在穿鞋同學的身後，遮掩那赤裸而尷尬的雙腳。

戰後初期，臺灣學生制服樣式又有些變動，男生夏裝大多是清一色的白色上衣、藍褲子，冬天則全身卡其服。女生夏裝大多為白上衣配上藍色吊帶百摺裙，冬天則換成卡其上衣搭配深色長褲。這樣的制服樣式初時是全國中小學通用，不久之後，部分小學開始自行設計各校特有的服裝樣式，就連體育課時所穿的運動服也都有學校自行設計，小學制服的整體樣式，不再如從前那樣呆板，漸漸變得活潑多樣化，而且富有美感。

令人驚訝的是，在小學制服的歷史演變中，臺北的太平國小獨樹一幟的維持日治時代的制服型式，百年來沒有太大變化，算是相當少見的特例，這或許代表著太平國小身為「大稻埕第一」的驕傲與堅持吧！

一九八〇年代開始，臺灣經濟起飛，社會逐漸民主開放，教育部不再統一規範學校制服的樣式，改由各校自行決定，逐漸解除學生的衣著綑綁。從此，臺灣的孩子們開始穿著五顏六色的便服上學，將小學校園妝點的更加生動可愛。

然而，當赤腳上學已成為校園絕響，清寒子弟不必再為皮鞋煩惱，卻開始為明天的便服而苦惱時，倒也不禁讓人想起從前的日子，懷念那母親親手縫補制服的古早時代。

▲臺北太平國小制服
▲始終維持日治以來
　衣領鑲邊的傳統。

校園藏寶圖
藝術精品

　　若你以為小學校園裡，只有人工栽植的花草樹木或是校舍、運動設施等硬體設備，那就真把臺灣小學給看「小」囉！不少小學都收藏著傳世的藝術瑰寶，豐富了校園的內涵。

　　在小學校園中，有些文物是經典的藝術名作，價值不斐，因此均受到校方妥善的保管，例如臺北市士林國小的名畫——〈湯島聖堂大成殿〉，太平國小的〈忠孝〉名匾與黃土水的雕塑——〈少女胸像〉，以及北縣板橋國小的臺灣第一名碑——〈枋橋建學碑〉等，皆屬上乘的藝術作品。

▲▶臺北士林國小的名畫〈湯島聖堂大成殿〉，作者為日本西畫先驅淺井忠，此圖目前收藏於北美館。

101

淺井忠與湯島聖堂

　　北市士林國小的〈湯島聖堂大成殿〉繪於一八九六年，是日本西畫先驅淺井忠的作品。這幅畫是東京高等師範學校校友會為祝福首任臺灣總督府學務部長，同時也是士林國小首任校長的伊澤修二，來臺興學順利成功，因此共同集資聘請西畫巨擘淺井忠作畫。畫作的內容主題是明治時代初期，日本近代教育及師範教育的發祥地——日本湯島聖堂大成殿，其深遠意義不言而喻。

　　一九九八年適逢淺井忠逝世九十週年，日本為紀念淺井忠在西畫上的貢獻，特別舉辦淺井忠畫展，當時日方曾向校方商借此畫作，並投保八千萬元，由此可見其藝術價值。這幅畫目前粗估有上億身價，校方考量到名畫專業維護和保存安全的問題，因此於二〇〇三年二月將這幅國寶級畫作暫交臺北市立美術館保管，且不對外展示。

黃土水的少女胸像

　　北市太平國小校內則收藏有另一國寶級的藝術品，即日治時代臺灣知名雕塑家黃土水的作品——〈少女胸像〉。黃土水出生

於一八九五年，也就是日本殖民臺灣的第一年，雖然他正式研習西洋雕塑僅短短十五個寒暑，但卻在藝術上達到非凡的成就，被公認為臺灣近代第一位天才型的雕塑家。一九〇六年，黃土水十一歲，進入艋舺公學校接受初等教育，但隔年又轉入大稻埕公學校（今太平國小）就讀，於一九一一年畢業，並考上國語學校師範部，四年後保送進東京美術學校，逐漸踏上輝煌的藝術之路。

　　黃土水是大稻埕公學校的畢業校友，並在國語學校畢業後曾回到母校教學半年，為感念校方栽培，於是將其作品〈少女胸像〉贈與母校收藏。這

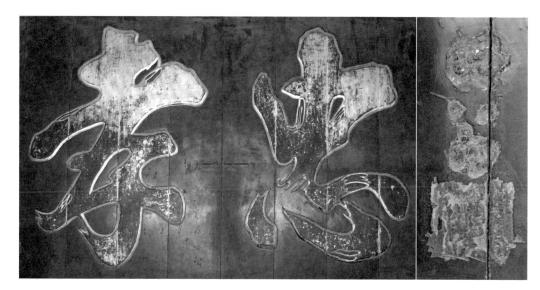

座用白色大理石材雕刻而成的〈少女胸像〉，完成於一九二二年，主角是一位梳著整齊長辮、身著冬衣的少女，她的眼睛平和的凝視著前方，神情安詳。作品的線條柔和、質地細膩，精準的雕刻出少女優雅甜美的神韻，是件不可多得的雕塑精品。黃土水雖創作了上百件的雕塑，但流傳後世者並不多，此件作品為其中之一，可惜的是，〈少女胸像〉目前存放在太平國小的校史室中，一般人無緣窺其真貌。

溥儒忠孝匾

　　此外，太平國小的另一件藝術品，一般人比較容易一睹其風采，也相當具有價值，那就是擺放在川堂前的〈忠孝匾〉。此匾原是祝賀當時裕仁皇太子成婚所題，匾上的「忠孝」二字，是民初和張大千並稱「南張北溥」的國畫大師——溥儒，摹宋代名儒朱熹所寫之字，筆法蒼勁有神，煞是好看。

　　原本〈忠孝匾〉的右上方提有「御成婚大典紀念」，左下方落款有「晦翁」兩字（朱熹晚號），但由於臺灣戰後正處反日恐共的敏感時期，校方為求安全慎重，在不解「晦翁」之意的情

▶太平國小的〈忠孝匾〉，為民初書畫名家溥儒大師摹朱熹之字，是難得的書法瑰寶。
▲在不瞭解字意的情況下，〈忠孝匾〉上朱熹的晚號遭到破壞。

形下，將兩處落款一併刮除，再以木板將匾額全部覆蓋，上書藍底白字的「禮義廉恥」四個大字作為掩飾。直到戰後第二任校長陳臣火校長任內，才讓其重見天日，並以金箔重貼忠孝二字，只是至今釘痕仍然清晰可見。

據說這兩個字是全天下摹朱熹書法的作品中，最傳神、最有韻味的一幅，是件難得的珍品，值得書法藝術的愛好者前往欣賞。

枋橋建學碑

臺北板橋國小的前身就是日治時期的枋橋公學校，當時由於校務日益擴大，導致舊有的大觀義學校舍不敷使用，而且校方教育經費不足，無力負擔擴建校舍的費用。於是當地的名紳旺族板橋林家遂發心出資贊建新校舍，官方為表彰其義舉，便建此枋橋建學碑以資紀念。

枋橋建學碑上的文章是先由當時的民政長官撰稿，再請日本鳴鶴流書道家日下部東作書寫，最後雕刻於石碑上。

▼日下部東作，號鳴鶴，為日本書道鳴鶴流的創始者。

▶臺北板橋國小〈枋橋建學碑〉，見證北臺第一家族──板橋林家的興學義舉與臺灣初等教育推動的艱辛歷程。

說故事的石頭
老石碑

> 廖氏嬌資性溫順，孝心至深。孝侍失明的父母及祖父母，撫慰殘障的伯母，背負身體纖弱的雙弟……其孝道足為後生楷模，特授與褒揚狀，並立碑紀念，謂之孝女。
>
> ──〈孝女廖氏嬌褒揚狀〉

由於中日戰爭的仇恨糾葛，國民政府遷臺後對日本殖民的遺物充滿敵意，因此希望能在最短的時間內，徹底毀去隱含有日本思想或歷史的文物，神社、雕像與石碑首當其衝成為第一批犧牲者。遍佈全臺的日本神社不是被剷平為公園，就是改為紀念國家先賢先烈的忠烈祠；雕像則被敲下回收煉銅，只保留基座改為豎立創建民國或抗日有功的政治人物。至於石碑，重者將其推倒擊碎就地掩埋，輕者則以水泥抹平碑文與年代，希望能藉此抹去日本治臺五十年的事實。

臺灣許多歷史悠久的小學校園中也有神社、雕像與石碑，但幾乎都遭到毀滅的下場，幸好學校畢竟是教育之地，許多遺物未必帶有濃厚的政治意義，因此少數幸運者被校方刻意保存下來，成為現今

◀竹東國小的儒醫碑是紀念校地捐贈者吳錦堂之父──名醫吳天佑。左圖為一九三〇年間建碑時，吳錦堂（持帽者）與家人合影。

▼南投草屯國小裡的「建校五十週年紀念碑」是戰後才建造的。

▲在建校紀念碑上通常刻有首任師長的生平介紹。圖為新竹娥眉國小建校三十週年紀念碑上的碑文。

極少數足以見證校園悠遠歷史的珍貴資產，它們大多靜靜隱藏在校園的角落，少有人會注意它們的存在，而校園中的石碑就是其中之一。

日治時代的校園中，常會有建校週年紀念碑，奇怪的是，其中又以三十週年紀念碑最多。「三十」是否有其特殊意義？沒有人知道。或許是因為一九二〇年代之後，臺灣社會開始發展穩定，各地小學逐漸有較多的經費能夠擴大舉辦校慶，而此時期也剛好是小學建校邁入三十週年的時段，因此許多小學校園裡才會樹立「建校三十週年記念碑」，例如嘉義崇文國小、北縣石碇國小等。為了感念創校之功，有些三十週年紀念碑也會銘刻首任校長或創校有功人員的姓名，表彰其功勞並培養學生感恩之心，例如新竹的峨嵋國小。到了一九三〇年代，進入戰爭期，這類慶祝建校週年的紀念碑似乎也就不多見了。

除了建校紀念碑之外，最有故事的就屬為紀念學校曾發生過的特別事蹟而建的石碑，例如北縣新店安坑國小裡的「孝女廖嬌紀念碑」，是為了紀念該校學生廖嬌的孝行。廖嬌出身貧困，父母皆盲，全家生計重擔由她一肩扛起，但她卻在學校念書期間被大樹重壓身亡。其孝行受到總督府明令褒揚，因此校方特地為其立碑。

此外，宜蘭武塔國小的「莎韻紀念碑」，也和孝女碑一樣，是為了表揚該校學生莎韻。莎韻在二次大戰的期間，為了幫出征的日籍老師扛行李，不幸於過河時滑落山澗，被湍急的

溪流沖走，慘遭滅頂。這個讓人心痛的意外，在當年被臺灣總督府刻意美化成「愛國少女」為日軍殉難的英勇義舉，學校當然要為其立碑，日後甚至還被拍攝成電影。

而彰化縣二水國小的「淺井先生之碑」，則是為了表彰日治時代一位二水小學校的教師淺井初子而立。淺井老師是在一次師生共同出遊的場合中，為救不慎落河的學生而跳入河中，但不諳水性的她，卻因此不幸同遭溺斃，對此義行總督府也頒狀褒揚。此外，還有新竹竹東國小的「儒醫碑」、北埔國小的「安部校長碑」等，不勝枚舉。

除了紀念人物的石碑外，也有純粹勉勵學子的石碑，如：臺中清水國小誠字碑，或是所謂的「物故教職員碑」、「亡學友碑」等，紀念在職身故的教職員和去世學生的石碑，成為不受時代和政治變遷而遭淘汰的歷史之寶。下回有空到小學逛逛，別只是運動、打球、上廁所，別忘了四處搜尋一下，說不定會聽到沉默石碑的歷史之聲。

1 日治時代學校常會供祭「恩師碑」，以顯尊師重道。

2 位於臺北九份國小後山的「吉原校長衣冠塚」。

3 二水國小「淺井先生紀念碑」原貌。

4 臺中清水國小「誠字碑」，為第十四任校長川村秀德所立的。

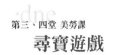

廟宇、921到88風災

校舍變變變

全是磚造的洋風建築，二個大校舍，分成七個教室及一個事務室……各舍間隔配以庭院花園，玄關之前設一大操場。

——西元1904年　〈八芝蘭公學校落成式〉《臺灣日日新報》

在臺灣，有很多百年小學都是出生在廟裡，這是因為近代新式教育的初始——國語傳習所，多是借用地方廟宇的廂房暫時充做教室使用，於是形成學生與神靈共處一室的有趣景象。這些向神明借教室的小學，要到校方覓得校地興建校舍後，才能有真正屬於自己的窩。

就算是有了自己的校舍，最初仍受限於經濟的窘迫，多是簡

▶由於創校經費較不
充裕，小學的第一
棟校舍往往是用竹
子、茅草搭成。

易的茅草房子，或是由竹竿混和黃泥蓋起的「竹管仔厝」，在臺灣高溫多濕的氣候環境下，若再遇到颱風或滂沱大雨，往往未經幾年就不堪使用。隨著時間的推移，臺灣孩子的入學人口逐年增多，小學校舍也不斷改善增建，從茅草房、竹管仔厝、土确仔厝，逐漸進化到木屋與磚造建築。

當小學校舍演進為磚造結構後，便開始在造型上展現各種不同的建築藝術，這是臺灣島上從來不曾有過的現象。這批磚房校舍的風格從最簡單的紅磚房舍到復古的古典主義，從華麗的巴洛克風格到浪漫的新古典主義，以及線條樸質實用性較高的現代建築，各式各樣的歐洲建築藝術，開始在臺灣的小學校園裡百花齊放，例如臺南市立人國小的忠孝樓、公園國小的花園樓，高雄旗山國小的北棟校舍與鼓山國小的老禮堂等，皆是賞心悅目的古老建物。

檢視日治時代的小學建築，等於是上了一堂近代建築藝術課，可惜這些建築有些逃不過地震與天災的摧殘，有些則是在臺灣戰後受到學校當局的漠視與人為破壞，日漸凋零。

或許是戰後國民政府財政吃緊的緣故，小學校舍在建造與設計上明顯不如日治時代嚴謹與富創造力，大多是看似灰色方盒子的磚造水泥建築，以實用為主要目的，甚至偶爾還會出現政治的圖樣點綴。日治時代豐富的建築語彙已不多見，校園裡少了許多

▶一九三六年五月九日，新竹竹東公學校新校舍的上樑儀式。圖中的那對校門至今依然屹立於竹東校園中。

▲木屋是日治早期十分常見的校舍建築之一。

視覺美感與空間趣味，讓人感覺這似乎是個「素色」的校園時代。不過，也有例外的作品，例如在一九六〇年代，南部小學校園中就出現一批黑瓦木造的仿日式禮堂或辦公室，在一群灰色水泥校舍中，顯得相當獨特。另外，接受美援捐助的校舍，如今也成為特殊時代的見證，還有散落在各校中的古樸紅磚平房，鮮艷的橘紅色在藍天輝映下，也讓人眼睛為之一亮。

到了一九八〇年代，臺灣經濟快速發展，許多校舍在使用上到了該除役的年限，為了學童安全與日漸增多的就學人口，學校開始大興土木，小學校園內的建築紛紛擺脫單調的灰樸樸方盒子造型，開始加入設計變化。愈來愈多的學校在改建校舍時，重新設計了學校的建築景觀，使得小學的整體外觀變得更為活潑生動與充滿童趣，花蓮縣西寶國小的白色六角形校舍就是最鮮明的例子。然而不幸的是，現今雖然本土文化意識抬頭，但許多日治時代值得保存的歷史建物，也在校方「除舊佈新」的堅持下，受到無法挽回的摧殘。

▲花蓮西寶國小的六角形校舍是師生共同設計的。
▲戰後最常見的方型水泥校舍（雲林鎮西國小）。
◀日治中期至戰後小學十分常見的紅磚校舍（此為臺中清水國小）。

後來，九二一地震、八八風災等，在臺灣中、南部造成許多學校嚴重毀損，但在政府與民間的通力重建下，許多校園反而得以擺脫過去灰暗單調的外觀，採用最先進的空間觀念，甚至結合在地社區文化特色，設計規劃新校園，並以更好的建材與建校舍。原本悲情的天災，反而造就小學的新生命，讓校園走出小學生的活動領域，成為新興的地方觀光景點，這又是臺灣展現堅毅可愛民族的一大例證。

🔍 歷史放大鏡

臺灣小學特色校舍、校園景觀

校　　名	特　　色
瑞芳濂洞國小	別有洞天的東北角海岸，有著夢幻的超長溜滑梯，徜徉海風與寬闊海景。
八里米倉國小	玩具王國中的魔法學院，彩虹跑道、遊戲場、魔法樹屋、獨木吊橋、米倉瞭望臺……，充滿繽紛想像的遊學園。
宜蘭順安國小	探索宇宙小星球，與古今生物同遊地球，利用裝置藝術，讓校舍變得五彩繽紛。
台南市忠義國小	古蹟武德殿當禮堂，神社當圖書館，與古蹟同呼吸。
苗栗苑裡山腳國小	懷舊日式古建築，加上普普風色彩，令人驚嘆。
台中中科國小	校舍重現東勢地區客家聚落建築的古樸風采。
花蓮西寶國小	結合創意頂尖綠建築，擁抱森林太魯閣公園。
台東豐源國小	寶藍地中海，節能中展現希臘風情。
南投潭南國小	布農家屋與鐘樓，結合文化與自然生態的饗宴。
雲林樟湖國中小	有著生態美地的山中之城，糖果色的小屋校舍繽紛如童話，校舍後大片茶園不斷飄來淡淡清香。
高雄民權國小	結合自然生態與科技的鑽石級綠建築小學，美麗、節能又舒適。
屏東泰武國小	日本土木學會專家讚譽為「世界最美麗的小學」，在這裡，可以感受到濃濃的排灣族文化。
金門金水國小	獨特的海島歷史，搭配過客步履的南洋建築，別具特色。

星期四
皇民教育

學校的漢文科愈來愈少
鈴木老師說我們是日本人
要學金次郎和大楠公
做一個勤學忠君的好國民
天皇生日、太子行啟和御大典
大家都要去遊行
可是阿公還是要我偷偷學漢語
然後「支那」事件發生
我不知道阿爸、阿母在害怕什麼
只是學校上課變得不一樣了

昭和君遊臺灣

裕仁訪臺

　　大正十二年四月十九日皇太子殿下光臨本校，參觀尋常科六學年歷史科上課，在運動場上，女中、小學校和公學校學生齊唱歡迎歌。

——《明治小學校沿革誌》

　　在臺灣的民間戲曲中，有一齣戲碼叫做「嘉慶君遊臺灣」，講的是清代嘉慶皇帝在未登基前，以太子身分微服來臺訪查民情的故事。然而，這個民間傳奇畢竟只是臺灣百姓茶餘飯後的街譚巷語，因為在清朝統治臺灣的三百年中，沒有任何一位大清皇帝到過臺灣。但是，統治臺灣僅五十年的日本，卻真的曾有一位天皇之子來臺遊玩，他就是裕仁皇太子，也就是日後發起二次大戰的昭和天皇。

▶學生們在彰化車站奉迎裕仁的來訪。

一次大戰後，民族自決的風潮正如火如荼的在國際間興起，此風也吹入了亞洲。當時日本國內正逢「大正民主時代」，受到這一波衝擊，日本所屬的殖民地中，在朝鮮有民族獨立運動；在臺灣則有議會設置請願運動等。為了

◀西元一九二三年，裕仁太子（一九〇一～一九八九）訪臺至草山行館休憩時所攝；為了紀念裕仁的訪臺活動，全島各地都舉辦各式各樣的慶祝活動。裕仁在西元一九二六年即位，在位六四年，經歷了日本近代歷史上的戰亂、復興及昌盛期。其在位前二十年日本軍國主義在東亞大肆侵略；戰後裕仁雖未被要求負起戰爭責任，但日本天皇從此成為虛位君主，僅為日本的精神象徵。

緩和世界潮流的衝擊並安撫國內外的政治改革風氣，日本政府不得不採取一些應變措施，其中之一就是安排裕仁皇太子遊臺灣。這次的巡遊活動，是日本近代史上皇太子出國訪視殖民地的唯一特例；在日本國內外皆造成極大的轟動。

西元一九二三年四月十二日，日本東宮太子——裕仁搭乘軍艦抵達基隆港，展開長達十餘天的臺灣巡遊之旅。前面幾天，裕仁下榻臺北，參拜臺灣神社，視察總督政績並參觀臺灣特產展覽會。一九日開始南下到新竹、臺中、臺南、高雄及屏東等城市巡遊。二十三日則轉往澎湖馬公，巡視軍事要地，隔天回到臺灣本島，然後在臺北附近的基隆、北投、草山等地遊覽，最後於二十七日自基隆港搭乘原艦返日。

裕仁太子這趟富有政治意味的巡幸，自決定成行開始，臺灣總督府即透過各種媒體管道醞釀熱鬧的氣氛；當太子抵達臺北城時，文武百官、外國領事、民眾、學生們早已安排好沿街恭迎，並發起一連串的歡迎遊行活動。在南下巡遊時，裕仁所到之處，當地的官員無不安排盛大的歡迎儀式，臺島各地也相繼舉辦各式各樣的「皇太子御行啟」紀念活動，營造臺人熱愛皇室的景況。

此次遊臺行程最特別之處，是裕仁太子每到一個城市，通常

都會至當地的小學視察學童上課情況，據說高雄旗津國小就珍藏了一張裕仁太子到校訪視的相片。部分校園裡也留有一些與裕仁太子相關的紀念物，其中較為特殊的是他曾下榻過的臺北太平國小，校中有慶祝裕仁大婚的「忠孝匾」以及「昭和太子碑」。臺中大同國小則還保留有「皇太子陽臺」，據說裕仁曾在其上向民眾揮手致意。不過，最常見的紀念物，還是當時的學校為慶祝太子訪臺，特別在校園中種下的紀念樹，這些紀念樹被通稱為「昭和太子樹」，新北市石碇國小就還立著這麼四棵老樹。

　　二次大戰後，由於日本戰敗，昭和天皇從神格之尊降為凡人之身，臺灣政權再度易手，因此有關他訪臺的相關遺跡建築，大都遭到破壞棄置的命運。這場曾被臺灣總督府喻為「三百年來空前盛事，全島人民無上光榮」的太子巡臺，猶如船過水無痕，僅留在老一輩臺灣人的記憶中。

▲北投「皇太子殿下御渡涉記念碑」。
▶臺北市小學校、公學校的學生們集合於總督府前，舉旗歡迎裕仁訪臺，共有八千六百名學生參加。

歡慶御大禮
天皇登基

御大禮或謂御大典，在日本凡是皇室內部的重要慶典儀式，例如結婚、成年、大喪等，皆可稱為御大禮，不過一般所謂的御大禮，通常是指天皇即位的登基大典。

「御大禮」這個名詞，對現代人而言應該十分陌生，但只要是生在日治時代的臺灣人，對這個名詞所代表的慶典活動想必是記憶猶新，因為臺灣在日治時代，曾經歷過兩次御大禮。

御大禮或稱做御大典，指的是天皇即位的登基大典。和中國皇帝登基須選擇黃道吉日一樣，日本天皇登基的日子，也要翻看曆書擇定吉日舉行。一般而言，日本天皇的登基大典，多是在前

◀樹林公學校所舉辦的御大典植樹造林活動。

117

任天皇崩逝後的第二年到第四年間舉行，例如日本現任的平成天皇，便是在平成二年，也就是其父昭和天皇過世的第二年，在主管皇宮御所事務的「宮內廳」籌辦下，舉行登基儀式。

臺灣一共經歷三任日本天皇的統治，故有兩次的御大禮活動，一次是在西元一九一五年（大正四年）大正天皇即位，另一次則是一九二八年（昭和三年）昭和天皇登基。在御大禮期間，日本全國各地為了慶祝天皇的登基，都會舉行各項紀念活動，臺灣自然也不例外。

當時全臺各地都曾舉辦一系列的慶祝活動，例如慶祝遊行、提燈活動、植樹或立紀念碑等，此外，臺灣當局還特別準備貢禮向天皇祝賀，例如昭和天皇登基時，臺北州便特地由黃土水攜帶作品〈歸途〉前往日本，作為登基的賀禮。

學校是最容易動員的團體之一，因此在御大禮慶典時，大部分的小學生都要配合遊行活動，人手一枝日本太陽旗沿街揮舞，展現萬眾一心的繁榮景象。有時學校也會以聯合運動會的方式進

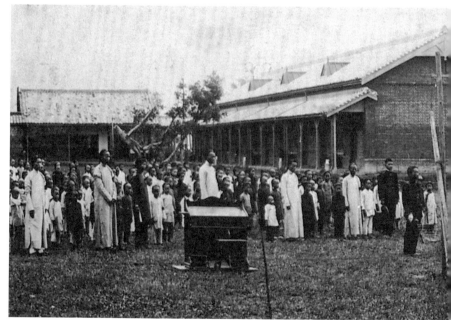

▶新莊公學校在明治天皇大葬的時候，於校內舉行追悼紀念會。

行慶祝，而植樹立碑則是當時最常見的祝賀方式。北縣八里國小的校園內，就留存有一塊可能是全臺僅存的御大禮紀念碑，見證著當年八里公學校慶祝天皇登基的祝賀心意，但由於已老樹盤結、碑文斑駁，因此曾有一段很長的時間沒人知道它所象徵的意義，直到編輯小組前往採訪記錄時，才揭開它的謎底。

這塊御大禮紀念碑，奇蹟似的躲過戰後政治與人為的破壞，在這片土地上和老樹緊緊交融在一起，為那段「皇祚無窮」的天皇時代留下歷史見證，我們誠摯的希望它能繼續屹立，直到未來的世紀。

▼臺北八里國小的「御大禮記念碑」可能是全臺小學校園中唯一的御大禮遺跡。

▼新竹新埔公學校在御大禮的時候舉行運動會。

黑箱裡的祕密

教育敕語

　　進而廣佈公益，開拓世務，常重國憲，遵行國法，一旦緩急，義勇奉公，以扶翼天壤無窮之皇運，如是，則不獨為朕之忠良臣民，亦足以彰顯爾祖先之遺風。

——西元1890年明治天皇〈教育敕語〉

　　日治時代臺灣教育的最高宗旨，便是明治天皇於一八九○年所頒布的〈教育敕語〉。這份敕語被日本人奉為聖旨，成為戰前日本全國教育政策的最高準則。

　　七十歲以上經歷過日治小學教育的臺灣人，一定都還記得在重要慶典集會時，學校主任會戴著白手套，自奉安箱中取出教

育敕語謄本，高舉過眉並以小跑步的方式跑到臺上，恭敬的雙手呈交給校長，由校長慎重的打開敕語，一字一句緩緩的誦念，在莊嚴敬穆的氣氛中，臺下的全體師生都得肅立低頭傾聽默誦，不得舉止輕薄、嬉戲笑鬧。

　　這份一直活在老一輩臺灣人記憶中的教育敕語，內容是以儒家的傳統家族觀念為基礎，同時也包含了現代西方國民的概念，強調「忠孝一致」為教育之根本，宣揚教育的精神在於教化人民成為孝友恭儉、守法有禮的現代國民，而教育最終的目的則是在培育天皇的子民，由此可見天皇不僅是政治領袖，也是國民道德思想的中心。日本政府將教育敕語印製成謄本，廣發至全國各級學校，做為學校的教育圭臬，並放在專門為其設計的奉安箱中，受到妥善的保存。據說學校如遇火警或災變時，首先要搶救的並不是學生，而是放在奉安箱中的敕語謄本，可見當時教育敕語在統治者及教育者的心目中有多麼重要。

　　每年的的四大節日：元旦新年（一月一日）、紀元節（二月十一日神武天皇登基）、天長節（四月二十九日昭和天皇誕辰）、明治節（十一月三日明治天皇誕辰），學校都必須集合全

◀一八九〇年時，明治天皇頒布了〈教育敕語〉。

▲一九〇八年彰化公學校校長宣讀〈教育敕語〉時，在場師生肅穆恭敬。

▲擺放〈教育敕語〉的捲軸。

體學生奉讀教育敕語，有時還會考默書。此外，教育敕語也被納入小學課程當中，《教育敕諭述義》一書便是將教育敕語譯成中文，並詳加注釋解說，讓教師能熟知敕語的內容，並為學生教授講解。不僅如此，學生的國語、修身等課程，也有教育敕語的相關內容，就連通信簿或作業本的首頁，往往也以教育敕語作開頭。日本政府甚至還將它編成〈敕語奉答〉歌曲，收錄在唱遊課本裡，教小孩子們跳舞吟唱，於是教育敕語終於成了無所不在的天皇神語！

透過教育敕語的奉讀背誦，日人成功的將皇民思想灌輸給全臺學生，直到二次大戰之後，日本戰敗奉命被遣返回國時，臺灣各級學校才遵照命令焚燬教育敕語。不久之後，日本文部省（相當於教育部）也通令國內各級學校，廢止教育敕語的奉讀，至此結束了它神話的一生。

▲解釋教育敕語全文涵義的《教育敕諭述義》，是為了使臺灣人能明瞭敕語內容而頒下的。

▲日治時代放置天皇敕語的圓筒。由於當時政府規定奉讀的敕語有好幾份，因此小學擁有的圓筒也就不止一個。

🔍 歷史放大鏡

詔書奉讀

日治時代，各學校不僅收有明治天皇所頒布的教育敕語謄本，只要是與教育相關的天皇敕語，例如一九〇八年的〈戊申詔書〉、一九二三年〈國民精神作興詔書〉等，學校單位都得存放其謄本並加以奉讀。〈戊申詔書〉亦由明治天皇所頒布，內容主要是希望日本國民在日俄戰後，能提振國民精神「去華就實，荒怠相誡」，一九三三年納入奉讀儀式。

一九二三年，大正天皇頒布的〈國民精神作興詔書〉，主旨和〈戊申詔書〉相類，亦強調國民應崇尚忠實勤儉、樸實剛健。一九三七年中日戰爭爆發後，日本當局訂此詔書的頒布日為「國民精神作興紀念日」，隔年起要求全國學校將其納入奉讀。

保險櫃與小涼亭
奉安箱與奉安室

一到重要的節慶，我們就要默背放在奉安殿盒子裡的文章。文章的內容是談如何做人處世的道理，而每天上、下學的時候也要到奉安殿前行禮致敬。

——一位老校友的回憶

明治天皇的教育敕語是日本戰前的教育最高宗旨，在臺灣各地紛紛設立學校之後，臺灣總督府便將敕語謄本及御真影（當代天皇夫婦的相片）頒發至各級學校，要求每所學校妥為收藏。

為妥善安置象徵天皇的神聖文物，經費充裕的重點學校會在校園一處增建「奉安殿」，一般學校就以校長室的角落作為「奉安室」使用。在

◀日治時代大型奉安箱的外觀，以及其上的蒲葵葉飾和製造商之標示。

這神聖的空間中,會放置一座製作精緻的櫃子——奉安箱,專門用來存放天皇教育敕語,以及天皇的相片。

神聖奉安箱

　　厚重的外殼,黑黑的臉孔,外表看起來像保險櫃,其實是神聖的奉安箱。兩者最大的不同,在於奉安箱外部漆有金色的鳳凰雙飛圖樣和蒲葵飾物,保險櫃則沒有。

　　奉安箱的內部經過精心的設計,一般會有三層門板、四層防護。第一道是最外層的雙鳳凰厚鐵門,有日式密碼鎖與鑰匙兩種設計。第二道是一層黑色烤漆薄鋼板,門上通常會畫上菊花紋飾,中間還有扣環相連接。接著還有一層四周角落鑲有鍍金銅片的精緻木櫃門,顯現皇室的尊貴。最後會掛一道白色絲製的布簾或是精美的竹簾,掀起門簾後才是放置教育敕語和相片的空間。現在臺灣還保有日治時代奉安箱的小學不少,但是箱內配件較為齊全的已所剩無幾。

　　一般來說,大城市的重點學校或是街庄的中心學校,大多會配發大型的奉安箱,這類奉安箱均為雙扇櫃門,即使是六名壯漢也不易搬動,更慎重的還會配置一座擺放櫃子的木座,通常也都有細緻的雕刻。至於位居偏遠地方或山區的學校,所擁有的奉安箱便小得多,幾乎連大型的一半都不到,且只有單扇櫃門。

▲教育敕語謄本下發學校時,有時地方上會舉行慶祝遊行,以示對天皇的敬重愛戴。
▲奉安箱內層的典雅
▼的木門,與最裡層的華麗竹簾。

如今教育敕語或天皇夫婦玉照早已消失無蹤，僥倖存活的奉安箱不是被當成保險櫃使用，就是被堆放在倉庫養蚊子，但它所散發的神祕氣息，還是可以隱約感受到。

消失的奉安室

日治時代的重點小學，有時會增建奉安殿或奉安室來安置奉安箱。奉安殿是戶外類似神社的建物，奉安室則是位於室內的獨立房間。

奉安室通常會安排在校長座位正後方，內部空間雖然窄小，但裝潢較一般教室更為氣派，室內的天花板、窗框，乃至於燈飾及通氣孔都經過特別製作，充滿皇室氣派。今日要一窺日治奉安室的風貌，似乎僅剩新竹國小和臺南立人國小兩處。至於無力增建獨立奉安室的大多數學校，最常見的方式就是將奉安箱安放於校長室的某一角落，再以鳳凰屏風遮蔽，因此校長室有時也稱做奉安室。

至於校園裡的奉安殿，目前臺灣尚留存的僅剩臺南新化國中（原為新化小學校）及苗栗建中國小（三叉河公學校）兩座，兩者皆占地二到三坪，遠看像個日式小廟。新化國中奉安殿的主體

▼苗栗建中國小的奉安殿，曾被當成涼庭使用，如今已復舊整修完成。

▼臺南新化國中的奉安殿，原為日治新化小學校所有。

▲沒有奉安殿、奉安室的學校，就直接將奉安箱擺放在校長室內。

125

結構尚稱完好，但水泥表面已逐漸剝落，四周還被人用紅漆寫上「支援三民主義，統一中國」、「復興民族文化，敬老尊賢」、「堅守民主陣容，反共到底」、「勵行勤勞節約，厚植國力」的政治標語，讓人感覺時空扭曲的錯愕。

相較之下，建中國小的奉安殿就幸運多了！雖然四周的牆壁也曾被敲空，充作校園涼亭使用，幸好在二〇〇三年建中國小百年校慶時，撥出整修的經費，還它原始的風貌。如今敲空的牆壁已重砌，四周架起木製的欄杆，屋頂用特製薄銅片層層覆蓋，其上還安置了一座銅製的鳳凰造型裝飾，在四周草木扶疏的烘托下，讓人彷彿來到了日本的古城京都。

⌕ 歷史放大鏡

奉安室屏風

各所小學幾乎都有一座日治時代留下的屏風，造形多為華麗的雙鳳凰描金圖案。

這些鳳凰屏風原是安放在校長室或奉安室中，主要用途是作為屏障奉安箱之用，藉以區隔凡人與天神的場域，因此可別小看它。

最早的小學補習班

偷偷學漢文

> 臺灣的日常生活，最必要的就是漢文，無論記帳或寫信都是以漢文為通用，但是在初等教育都是不注重漢文的教授。
>
> ——1931年1月10日　《臺灣新民報》

　　每到下午三、四點，小學生放學時段，就會看見許多安親班、才藝班或補習班的交通車，停在學校旁等著接學生繼續上課，目睹此景，不禁讓人感嘆現在的小學生還真辛苦，放學不過是另一個上課的開始！然而，小學的補習班並非現代社會的產物，早在日治時代，有些小學生就得在課後上補習班了，只是他們補習的科目很特別，竟然是傳統的中國漢文，很不可思議吧！漢文還需要補習嗎？

　　當日本人在臺灣建立新式教育機構時，臺灣人普遍都存有疑慮，不願將子弟送進國語傳習所或公學校

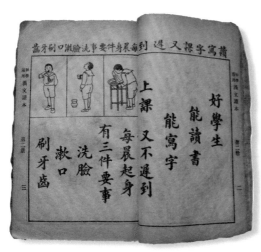

◀《三字經》在日治時代仍是民間書房重要的教科書。
◀◀日治時代民間漢學書房使用的課本。

127

就讀，仍然和往常一樣將孩子送到傳統書房上課。此時，日本才剛領有臺灣，為免引起民間不必要的反彈，不敢貿然採取壓制行動，因此傳統書房在日治初期仍能蓬勃發展。

自一八九八年開始，總督府雖仍採取寬鬆的政策，但開始制定法令來管理，例如規定當時的書房應加入日語與算術課程，並一律採用總督府核准的書籍為必修教科書，希望能逐漸影響民間書房的教育內容。隨著初等教育的普及，選擇進入公學校就讀的孩童日漸增多，傳統書房的數量也就逐漸減少。

同一時期，日本當局為了吸引臺灣家長將子女送進學校就讀，一般公學校也都設有漢文課程，只不過學校的漢文課本多是將日語課文直接翻譯成漢文，而且是採用日語教學。上課時數最初是每週四到五個小時，但逐年遞減，後來又改為選修科，可見公學校的漢文課，其實是政策性大於實質性，對於學習漢文並無幫助。因此仍有少數重視中國傳統文化的家長，會在孩子就讀公學校前或是學校放學後，安排他們到漢文書房上課，藉以增加漢語文學的造詣。

西元一九二二年，臺灣總督府頒布第二次〈臺灣教育令〉，書房被當作私立學校管理，日本政府對傳統書房的管控逐漸嚴格。中日戰爭爆發之後，由於敵我意識的問題，傳統書房在面對日本當局一連串的法規限制，以及公學校「搶學生」的情況下，求學人數日益減少，書房因而逐漸式微，直到一九四一年總督府下令全面禁止，終於被迫退出教育的舞臺。

堅持理想的漢文老師

日治初期，各地廣設傳習所或公學校，除借用地方廟宇的廂房外，有時也會直接收編當地的書房改為學校，而書房的老師自然就成為學校現成的漢文科教師。這些漢文老師，有的順應時勢從此進入日式教育體制，有的卻不向現實低頭，除了在公學校服務外，私下仍在地方上開設書房，教授正統漢學，臺中埔雅公學校的張春亭和西螺公學校的劉煥文就是其中的代表人物。

日治時代民間書房是臺人子弟學習漢文的場所。圖為漢學家張春亭與弟子們的合影。

張春亭是日治時代大雅地區的知名詩人與漢學家，自埔雅公學校開校以來，就在該校擔任漢文老師，長達十五年之久。他在辭去教職之後，仍於自宅開設「守愚齋書房」，繼續教授漢學二十餘年。地方民眾為追念其授業傳道之功，便把守愚齋附近的道路取名為「春亭巷」，名聲流傳至今。

在西螺公學校服務了三十二年的劉煥文，也是一位認真的漢文老師。在學校上課時，他用日語教學，課餘時間則設書房教導鄉民學漢文，受到在地百姓的尊敬，稱他為「漢文（煥文）先生」。劉煥文這種「明教日語，暗授漢文」的行為，一直未被臺灣總督府發現，甚至由於他在校教學態度認真，日本帝國教育會還曾頒發表彰狀，表揚他對日本帝國教育之功，成為日治時代皇民教育的一大諷刺。

阿一烏ㄟ喔
國語講習所

昭和十五年十一月二十九日，新竹州召開新屋庄社會教育研
究會，本校設置新屋國語講習所附屬幼兒部保育會。
——《新屋公學校沿革誌》

　　日治時代除了民間私人興辦的漢文補習班外，還有一種由官
方經辦的日語補習班——國語講習所，對於無緣進入公學校就讀
的人，這裡是能一圓上課夢想的地方。
　　日本在統治臺灣之後，雖然在各地普設學校推行日語教育，
但是大多數臺灣人的日常生活仍是以福佬話及客家話等臺灣方言

▲國語講習所的畢業
　生名簿。
▶日治後期國語講習
　所的畢業照。

為主，因此早在一九二七年起，總督府和各州廳就設置了所謂的社會教育課來推行社會教育事業，而這些社教機關的主要施政目標，正是塑造日本國民精神與普及國語教育。

到了一九三〇年代皇民化運動時期，由於中日戰爭爆發，日本感到必須對殖民地加強控制，為了增強臺灣人對殖民母國的認同，普及日語便成為社教機關的重要任務，臺灣總督因而正式規定，以國語講習所作為簡易日語教育機構。

國語講習所的主要教育對象，是十二歲到二十五歲間不懂日語的人，講習時間為一到三年，每天上課二到三小時，除了教授日語，也增加體操、修身、算術、工藝及家事等科目，亦有「晚上的公學校」之稱。而與公學校不同的是，參與講習的人都完全不收學費。

當時的總督府利用報紙雜誌等傳播媒體，不斷為國語講習所做宣傳，例如宣稱參與人數不斷增加、地方官民全力協助、臺灣人對學習國語的反應熱情等。國語講習所成為正規教育體系之外，另一個涵養日本國民精神的場所，在此推波助瀾下，日語終於逐漸深入臺灣民間，成為母語之外臺灣民眾最常用的語言。

▶一九二〇年，屏東地區國語講習所結業式合照。

▲國語講習所的課程，以忠君愛國為主要內容。

▲國語講習所頒發的幼兒部保育證書。

校園二大天王
二宮及楠木

自古國家有事的時候，像楠公父子、乃木大將、廣瀨武夫等人，犧牲生命以守君國。在平時則像二宮尊德、金原明善等人各勵其業，增我國的富強。

——《公學校修身書六》第五課〈忠君愛國〉

日治時代，臺灣的小學校園裡有二大天王，一位是背著木柴捧書苦讀的二宮尊德，一位則是騎著駿馬威風凜凜的日本武士楠木正成。他們二人是日治時代學校教育的精神樣板，分別代表著勤學和忠誠的教育圖騰，幾乎每個學校都豎立他們的銅像。

二次大戰後期，由於財政物資極度缺乏，許多的銅像皆被徵集充公，運送到兵工廠鎔製成兵器，校園中的二大天王自然也逃不過劫難。學生們以「出征的二宮尊德與楠木正成」戲稱他們的離去，但他們勤學和忠誠的形象，卻永恆的烙印在小朋友的心靈之中。

勤學的貧窮之子

二宮尊德，幼名金次郎，在二百多年前出生於日本神奈川縣，原本為富農之子，但是幼時家道突然中衰且父母雙亡，從此就獨自過著艱苦的生活。由於他認為讀書可以使人產生希望與實踐理想，因此雖

然每天上山撿柴，背著沉重的柴薪負擔，卻仍然手不釋卷，日夜勤奮用功向學。

經過艱困勤勉的年少時光，二宮尊德終於成為一名學有專長的農政專家。他一生致力於農村的荒地開發與財政改革，振興了日本當時日漸衰微的農村經濟。

	2	3
1		4

1 二宮尊德是日本著名的勤學範例。

2 校園的二宮銅像是師長合照的熱門景點（圖為臺北松山公學校）。

3 曾是隨處可見的二宮尊德，戰後幾已絕跡。此為老松國小的老校友們捐贈給學校的紀念品。

4 日本戰後的壹圓紙幣是以二宮肖像為圖樣。

勤勞、節約、毅力、忍耐的生活態度，以及勤學的精神，是學校教育最重視的德行之一，而這一切的美德似乎都圓滿的展現在二宮尊德身上，因此，日本政府便將二宮尊德苦讀成功的故事納入教科書中，作為小學生一生學習的偶像。教育當局甚至還將他年少時「身背薪柴，手握書卷」的苦讀形象製成銅像，立於校園之中，陪伴校園學子走過無數個寒暑。

二次大戰後的日本，政經局勢皆較戰前更為凋蔽，二宮尊德勤儉力行的美德，依然是政府極力宣揚的精神，因此戰後的一元紙幣便以二宮尊德為圖像，期待在貨幣的流轉間，提醒日人莫忘勤儉打拼的「二宮尊德精神」。

忠烈的日本武士

　　相對於二宮尊德在學校教育中的勤學典範，楠木正成則肩負著忠君愛國的表徵。

　　楠木正成被後人尊稱為「大楠公」，是西元十四世紀日本南北朝時代的著名武將，在推翻鎌倉幕府，中興皇權的「倒幕運動」中，他立下不少汗馬功勞，為當時的日本後醍醐天皇所重用。之後，為了確立皇權，他又與強大的諸侯足利尊氏爭戰多年，雖然獲得多次勝利，但最後在一次迎戰足利尊氏的戰役中，在沒有援軍的情況下，因寡不敵眾而於兵庫縣湊川戰敗，最後與族人一同自殺身亡。

　　許多日本史書都將楠木正成描述成「智仁勇兼備之良將」、「忠臣義士之龜鑒」，認為他不僅是個賢才，更是一位勇士，其忠勇的表現，受到日本朝野推崇。明治維新之後，日本政府出於擁護天皇、尊王攘夷的需要，對楠木正成的功勛更是大力宣揚，甚至建造湊川神社，以「軍神」稱號供奉他的神位。此外，楠木正成的英勇事蹟也被日本政府編寫進小學教材，做為學生學習的模範，而他出征前與長子訣別的故事，則被改寫為感人的敘事詩，成為小學生歌唱或扮演話劇時的樣板題材。彰化的中山國小在中日戰爭時期，還曾一度改名為「楠國民學校」，由此可見大楠公在皇民化時代是多麼重要的愛國教育工具。

▲日本政府曾發行以楠木為圖樣的五錢紙幣，現已廢止。
▲楠木所象徵的「忠誠」意義，常常使學校喜愛體育的師生選擇於其雕像前留影。

小學校園裡的楠木正成與二宮尊德雕像，「一武一文」、「一忠一勤」是臺灣小學生早晚出入校園的禮敬對象，戰爭期間更是學校思想教育的重點。二次大戰後，隨著政權的交替，對二宮與楠木的崇拜彷彿蒸發般瞬間消失在臺灣的空氣中，如今若想一賭楠木正成叱吒校園的馬上英姿，恐怕只有在日治時代的寫真帖裡才能一窺全貌了。

▶日治時期校園二大
◀天王——二宮尊德
　和楠木正成，戰後
　變成國父、蔣公、
　孔子三巨頭。

太陽的子民

皇民化運動

> 從語言開始到姓名、風俗、習慣等外在形式，也能與內地人
> 無所差異的話，那是最理想的事。即不論在精神上、形式上都與
> 內地人相同，始能稱為完全之日本化。
>
> ——西元1940年　臺灣總督府總務長官　森岡二朗

　　史書裡提到日本治臺的歷史時，最常出現的大概就是「皇民
化運動」這個詞了。由於日本一向宣稱以同化政策來統治臺灣，
因此許多人都以為整個日治時代就是一個皇民化的過程，但事實
上，所謂「皇民化運動」是指一九三〇年代後期，中日蘆溝橋事
變爆發以後才開始推行的一連串政治與社會活動。

　　西元一九三六年，小林躋造接任臺灣總督，結束了長達十九

▶配合「東亞共榮」
政策，日治末期的
校園中，出現「興
亞民族大行進」的
戲劇。

年的文官總督統治時期，恢復武官治臺，並以「工業化、皇民化、南進基地化」作為治臺三大原則。隔年中日戰爭爆發後，為了徹底消除臺灣人「兩個祖國」的認同問題，臺灣總督府便開始積極的推「去中國化」的皇民化運動。

　　皇民化運動最主要的對象是一般的臺灣人，推動方式包括鼓勵臺灣人改日本姓，例如姓林的改為小林，姓楊的改姓小柳；獎勵國語家庭，希望家家戶戶皆能以日語作為交談工具，願意配合者在公共事務的待遇上，便可比照日人家庭辦理，在戰時的配給也會比一般臺灣家庭優渥；加強日本神道教信仰，希望臺人奉祀神宮大麻及參拜神社，逐漸改變民間信仰；禁止歌仔戲與布袋戲，甚至禁止臺灣人過舊曆年；禁止報章雜誌使用漢文……。種種的措施，都是為了積極的以日本文化取代臺灣文化。

　　除此之外，臺灣總督府還特別成立了一個負責推行的重要組織──「皇民奉公會」，該會的主要目標就是昂揚戰爭意識、實踐決戰生活、強化勤勞態度、完備民間防備，簡而言之，就是加強臺灣戰時整備的精神。當時，各地都在皇民奉公會之下，成立了大大小小、各式各樣的奉公隊或奉公團，例如愛國少女團、奉公青年團、文化奉公隊等，募集的人員涵蓋各階層與年齡，而集會場所也經常安排在各地方的學校內，因此臺灣某些學校還保存有皇民奉公運動的資料。

1 1 1 1　2　3

1 戰爭期間日本政府鼓吹民間「愛國貯金」支援前方。
2「國語家庭」掛於門上的證明牌。
3 戰爭期間，每月的頭一日是所謂的「興亞奉公日」。

　　雖然在皇民化運動之前，各級學校的教育內容就已出現灌輸皇民思想的課文，但直到戰爭時期，學校的皇民教育才更變本加厲的頌揚天皇的神聖，並積極推動軍國民教育思想，於是日文課成為主要科目，校園內無論老師或學生都不得講漢語，一切作業也以日文為主。校方還會要求學生組成糾察隊出巡，若發現有用臺灣方言交談者，皆會給予口頭警告或罰款。小學課本也開始大量出現有關日本開國神話、富士山、〈君之代〉等課文，強調如楠木正成、莎韻之鐘等忠君愛國的故事，而原本輕鬆歡樂的學藝會表演，也逐年增加軍民一家或效忠天皇的戲碼。

　　沉重的國家認同不是小學生有能力思考與解決的事。隨著皇民化運動的熱鬧開展，臺灣的孩子們進入另一次蛻變的空間，夾雜在傳統家庭與學校教育的衝突下，許多孩子的幼小心靈也逐漸產生疑問與矛盾。明天，似乎是個多變的天氣……。

▲皇民教育非常強調忠君思想。灌輸學生必須效忠天皇，以報君恩。
▼日治時代彰化公學校的校訓有濃厚的皇民思想。

支援前線

戰爭中求學

> 到了戰爭後期，全校幾乎都已經停課，有時學校也會要求學
> 生回家織網子，供給戰地軍人使用，上面可以插樹枝、草等等，
> 以作為野戰的掩護。
>
> ——江文瑜　編〈二二八受難家屬－莊政華〉
> 《消失中的台灣阿媽》

　　昭和十二年（一九三七年）七月七日，中日戰爭爆發，日本
治臺政策進入緊張時期，臺灣進入戰時體制。

　　總督府一方面加速推動皇民化運動，積極消滅臺灣文化；一
方面為籌措軍事經費，各項課稅名目陸續出籠，民生必需品改採

▲小學生的皇軍捷報
　遊行隊伍。
◀戰爭末期臺籍士兵
　出征之時和家人合
　影；原本無憂的小
　學生逐漸感受到戰
　爭不安的氣氛。

▶在二次大戰期間，慶祝天皇誕辰或戰爭勝利的校外遊行變得十分頻繁。

◀戰爭期間連學校上課也在講解戰情發展，讓學生們了解戰局，以培養同仇敵愾之心。

配給制度，臺灣人的生活物資日漸匱乏，學校的生活作息也逐漸受到戰爭的衝擊。

　　中日交戰後，原本校園中的人文氣息突然增加不少肅殺之氣。教育內容隨日本軍國主義政策而有了改變，除了加強朝會向東鞠躬，拍掌遙拜天皇外，校長訓話經常出現「為神國而戰，為天皇捐軀」的內容，小學生必須立正站好，然後像軍隊一樣踏步走進操場，並開始實施類似軍事訓練的體育課程。此外，每當日本軍隊在海外打勝戰時，總督府便會通令全臺各地發布號外大肆

宣揚，臺灣各級學校的學生也必須配合政策，加入皇軍捷報的遊行或是舉行勝利慶祝會。但若遇到戰事吃緊，有些軍國傾向濃厚的教職員，便會將對中國的怒氣轉移發洩在臺灣小孩的身上。隨著戰爭的情勢，孩子們的心情時而歡欣雀躍，時而緊張不定，學習的效率也大受影響。

　　到了戰爭末期，大批軍力都已派上戰場，一些後勤軍事的勞務，只能發動一般臺灣民眾進行，學生自然成為動員主力。原本正常的上課作息，經常會不定時的由老師帶隊到機場或軍事基地，做工程修繕或幫忙清理的勞動，如在跑道上撿石子、搬石塊、搭房子等。而校園裡也開始出現感傷的場面，許多學校老師被徵調到前線作戰，朝夕相處的師生面臨離別的時刻，全校師生會為即將上戰場的老師舉辦餞別會，女孩們更會在家政課時縫製「慰問袋」或「千人針」為出征的士兵們祈福。

　　千人針，原是日本女性於親人外出遠行時，廣邀上千名其他女性，一人一針為自己關愛的親人祈福，期盼它能保護親人平安歸來的傳統習俗，在戰時的教育下，臺灣孩子們單純的盡力做好每一項支援前線的工作，不論是縫製千人針還是沿街遊行，對他們而言都是新鮮有趣的課外活動。其實，戰後的國民政府時代，也有類似的政治活動，例如參加慶典遊行、接待外賓、歡迎反共義士或配合某些政治性的集會等，在不同政權的兩相對照之下，孩子的純真與歷史的弔詭，不禁令人莞爾。

學校不見了

跑空襲

　　沒想到這批飛機到山頭，立即折返直撲而來。只聽到嗒嗒嗒⋯⋯的機槍掃射聲由小而大，這時老師一看不妙，大喊：「飛機空襲，趕快躲避。」大伙們頓時大嚷大叫大哭，慌張得不知所措，有的嚇呆了站著不動，卻大哭大叫，有的就地臥倒⋯⋯

　　　　——二水校友　許永賢的回憶《傳承二八水　飛躍新世紀》

　　求學生涯原本應該是人生中最快樂無憂的時光，但在二次大戰期間的臺灣孩子們心中，它卻不一定是愉快的回憶。

　　在二次大戰末期，日軍在東南亞戰場上節節敗退，聯軍開始空襲日本國土，身為日本南進基地的臺灣，也開始遭遇前所未有的攻擊。往往上課鐘才剛響沒幾分鐘，老師都還未翻開課本，空襲警報聲便開始嗡嗡大作。「跑空襲囉！」在師長一聲令下，大

▶戰事吃緊時，學校師生會被安排到鄰近郊區的「疏開學園」上課。

142

家迅速的背起書包跟著老師到學校附近的防空設施裡躲空襲，有時為了以防萬一，就算警報已解除，大家仍會繼續躲在防空洞裡上課，直到一整天過去。這種三不五時要躲空襲，隨時有生命危險的學校生活，是現代的孩子們無法想像的。

為避免人員的傷亡，當時一些大城市的學校都會疏散學生到郊區上課，也就是所謂的「疏開學園」。學生們能在偏僻安全的地方繼續求學，但學校就沒那麼幸運了！由於日治時代學校與公家單位的建築型式差不多，導致聯軍在空襲時，通常無法分辨政府機關和校舍，而且戰時亦常有軍隊駐紮在校園內，因此大都市裡的學校多半也會成為聯軍空襲的目標。在猛烈的轟炸下，許多校園花木或牆壁門窗上都遺留有戰時的傷痕，例如新竹國小、臺中大同國小和臺南花園國小等。更悲慘的是，有的學校在戰火中完全被炸毀，戰後只能另覓校地復校，如屏東唐榮國小，就是戰火後重建的。

走在歷史悠久的小學校園中，若看見牆上有些坑坑巴巴的黑窟窿，或是樹木身上有中空圓洞，別以為那是頑皮學生的傑作。這些彈孔樹或彈孔牆，無言的見證了臺灣孩子們在戰爭踐踏下的求學歲月。雖然，當時的學習環境是這麼的艱困辛苦，連母語都必須偷偷學習，但是臺灣的孩子們卻並沒有因此荒廢學業。若懂得觀照歷史的軌跡，現代的孩子們或許會更珍惜感恩他們所擁有的富足生活與安定的學習。

▼臺南忠義國小運動場旁的砲彈碑，據聞此顆砲彈是自當地出土。

▶戰時學校會教授孩子們戰爭的「決戰守則」。

▼二次大戰期間「轟炸重慶城」成為學校運動會的表演節目之一。

星期五
戰後新課本

讀書好，
讀書好呀
學問是寶
寡到，知識無價

尔讀書好像瞎子

It is a good thing
We are all Chinese
not English.
English is spoke
all over the worl

太陽旗落下
青天白日高高掛
臺灣的孩子重新拾起漢文課本
這次學ㄅㄆㄇㄈ北京話
國共戰爭和海峽風雲
戰後的學習有點沉重嚴肅
校園經常可以看見
「反攻大陸解救同胞」
「小心，匪諜就在你身邊」

消失的1945

揮別日本

　　自即日起，臺灣及澎湖列島已正式重入中國版圖；所有一切
土地、人民、政事皆已置於中華民國政府主權之下。
　　　　　　　——西元1945年　臺灣行政長官　陳儀〈接收宣言〉

　　西元一九四五年十月二十五日，中華民國首任臺灣省行政長
官陳儀，在臺北市公會堂（今衡陽路中山堂）發表了簡短的接收
宣言，正式宣告臺灣回歸中國所有。臺灣百姓因終於脫離異族統
治、不再做二等公民而欣喜若狂，街頭巷尾四處響著〈臺灣光

▶自一九四五年國民
政府接收臺灣後，
昔日提供市民舉辦
活動場所的「臺北
公會堂」，變為中
華民國政府最高民
意機關的議場。

146

◀戰後，全臺小學校史多自一九四五年算起，乃有百年學校第二十一屆是於一九六六年畢業的畫面。

▶一九四五年新莊國小的教師們，在焚燬教育敕語前合影留念。

▼一九四六年的《臺灣省行政長官公署公報》。

復慶祝歡迎歌〉的歡樂歌聲。從小接受日式教育的臺灣孩子，雖然難捨日籍師長與同學的離去，也不懂自己的祖國為何從皇國日本變成中華民國，依然跟著大人們快樂的揮舞著青天白日旗。

政權的轉換，對文化記憶與史料保存不可避免的有著或多或少的殺傷力。日本政府統治臺灣後用盡方法消滅漢人習俗，讓臺灣文化變成皇民文化；中華民國政府接收臺灣之後，也使用相同的方式，希望讓臺灣社會儘快拋掉日本統治的過去。巨大的政治衝擊，使得臺灣人的記憶被迫割裂成不連續的斷章。

在中日政權交接之後，許多學校基於政府仇日情結等政治因素，而將日治時代的資料加以銷毀，例如焚燬日本天皇的〈教育敕語〉；把日文的學校沿革誌丟棄；對校園中遺留的日治時代銘刻史蹟，輕則以利器刮除、水泥塗抹，讓其上的日本文字與年代模糊難辨，重則將之摧毀殆盡等，校園內外所有涉及日本的相關

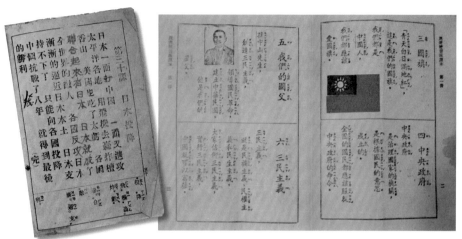

軟硬體，全部遭到毀棄的命運。最荒謬的是，戰後的臺灣小學皆有意無意的將校史由一九四五年開始算起，於是明明是百年老校，但照片上的第一屆畢業生竟是一九四五年畢業。在極短的時間裡，臺灣小學便將五十年的校史完全割截丟棄。因此，雖然臺灣現今有將近兩百所超過百年的小學，但大多數的學校皆無法將史料文物完整保存下來，有些甚至是「屍骨無存」。

在緊張的政治氣氛下，仍有不少具有文化意識的學校，盡力將學校的史料文物保存下來，只可惜這些檔案資料不是被雨打蟲蛀，就是在校園改建時，將具有歷史意義的校舍拆除，導致收存其內的校史文物也隨之消失散佚；颱風、淹水、地震等天災的破壞更是讓人措手不及，往往一夕之間就毀去苦心收藏的史料文物。

要拋棄歷史很容易，想尋回消失的歷史卻萬般艱難。從日治時代來到中華民國，臺灣小學教育邁進另一個全新的領域，學校中的教學不一樣了，不僅課本內容變換，意識型態不同，甚至連語言都要重新學起，一切都要重新適應、從頭學習！

▲《國民學校暫用國語課本》第三十課〈日本投降〉。

◀一九四六年臺灣行政長官公署所發行的《國民學校暫用國語課本》。

▶戰後中華民國政府暫編的國語教科書，以及國語廣播教本。

人事大風吹
移交清冊

　　每個公司行號、機關單位在新舊任人員職務交接的時候，都會有所謂的移交清冊，父代已完成或進行中的各項事務明細，小學也是如此。在小學檔案室裡，最具有時代意義和歷史價值的，就屬日本戰敗、國民政府接收臺灣的主管移交清冊。

　　臺灣於一九四五年十月由國民政府接收後，全島各地隨即成立接收委員會，進行公家機關的接收事宜，不過各地的學校幾乎都是在一九四六年後，才陸續開始進行交接。

　　移交清冊中詳載接收和移交人員的姓名、接收大會流程、財產物品清單、學校人員以及事務的工作明細等，冗長且詳細，記錄著歷史的軌跡。其中最有意思的，是接收後的工作事項，它註明接收後的首要工作：將課程中國語課的內容，由日語改為北京話；教師可依學生狀況在課堂上用日語夾雜漢語教學，但不得再教授有關日本歷史、地理、修身以及軍國主義、天皇崇拜等課程內容，並須加強中國國語、地理、歷史等科目，可見國民政府重塑臺灣國家認同的政策與用心。

　　有的移交清冊相當詳細，例如臺北新莊國小所保存的清冊，將所有移交項目分門別類整理，包括職員名冊類、文書類、官舍類、車輛類等大大小小共十二冊，學校所有的人員財產都鉅細靡遺，字跡工整且明細清楚，令人好生佩服交接人員的嚴謹。

　　只是政權文物移交容易，人心情感轉換困難，當あいうえお變成了ㄅㄆㄇㄈ，天皇萬歲改成了國父、蔣公，再詳細的清冊，也無法記載身處銜接時代的臺籍老師和學生們的矛盾心情。

▲各校收藏的一九四
▲五年移交清冊，見
　證了中日政權更送
　的歷史。

日語臺語說不通
北京話最紅

我是臺灣人，你是臺灣人，他是臺灣人，我們都是臺灣人。
〈第一課 臺灣人〉
我們的祖宗是福建人，是廣東人。福建人、廣東人、臺灣人都是中國人。
〈第二課 中國人〉
——《臺灣暫用小學國語課本甲篇》

中華民國政府接收臺灣後，各級學校自然不能再以日語教學，一切課程都改用新文字——中文來書寫，主流語言則是距離臺灣千里遠的「北京話」。

這下子，問題就來了，臺籍教師皆出身於日本師範體系，學校說的是日語，筆下寫的是日文，生活中則以福佬、客家或原住民語溝通，對於北京話相當陌生，只有曾經到中國留學或久居中國大陸的極少數臺灣人，才可能懂得北京官話——也就是說，學校的國文師資有了十分嚴重的短缺。為了避免學校課程中斷，當時許多小學老師都會利用晚上的時間，聘請會說北京話的人教他們讀寫中文，而老師晚上惡補，白天現學現賣，便成為接收初期常見的教學現象。

▶戰後國語課本積極重塑臺灣兒童的國家認同。

150

經歷過那段中文師資青黃不接時代的人，或許都還有相同的記憶：學校突然就不再使用日語教學，而是改用福佬語或客語等方言來輔助教授，接著再過沒多久，老師們就開始教起「ㄅ、ㄆ、ㄇ」的注音符號來。

除此之外，由於老師們自己對北京話也十分陌生，所以往往課上到一半，就會忘了怎麼發音才正確，此時師生們也只能在課堂上面面相覷，不知該如何是好；再不然就是發音怪異，引得笑果連連，雖然場面尷尬，卻也十分的有趣。

總之，戰後初期的國語教育，就是在一邊嘗試錯誤，一邊汲取經驗的混亂情形中，師生一起共學成長。

除了師資問題外，學校的中文教材也沒有正式的版本，為了應付沒有課本的窘境，於是出現了暫用課本。這些暫用課本有的是臺灣接收單位臨時草編印製，有些是學校教師自行編寫，有時

▶ 大家一起來學ㄅㄆㄇ與中文。

▲ 有些暫用課本的內容採用中日對照，方便受過日本教育的學生閱讀與學習。

▲ 日治的修身課，到了戰後變成了「公民課」。

▶戰後小學生全神貫
注的上課情形。

則是借用日治時代漢學書房的教材，也有來自中國大陸所印行的漢文讀本，各式各樣琳瑯滿目。

直到接收半年之後，教材混亂的局面才逐漸消失，政府頒布統一的課本，各地機關學校也開始舉辦教師們的北京話教學，努力增進教師的國語程度。

當時的小學課本，內容大都以重塑國家意識為主，加強臺灣人民對祖國的認同，並灌輸日本是全中國人的敵人等排日思想，期待能在小學生牙牙學國語的過程中，去除日治時代的教育思想。對於才剛剛結束皇民化運動的師生而言，臺灣這班教育列車的轉彎角度，似乎是太大了些。

ㄅㄆㄇㄈ學國語

愛國要說國語

禁止說方言

做模範國民，說標準國語；接洽公事，請說國語。

大家說國語，到處都方便，語言相通，感情才能交流。

——苗栗苑裡國小六十學年度「說國語運動」標語

「老師，有人說方言！」

在學校不小心脫口說一句「方言」就會被老師處罰，是許多臺灣人揮之不去的兒時回憶。

所謂的「方言」，指的就是福佬話等母語。國民政府遷臺之後，也和日本治臺時一樣，積極的推行國語教育，這不只是為了方便政府的政策推動，使本地人能與新移民溝通融合，同時也希望能夠藉此消除臺灣社會中遺留的日本文化。

從一九五〇到八〇年代，禁用母語的政策在校園內被徹底執行，因此大多數的臺灣小學生，都很快練就出一口有模有樣的北京話。

為了讓國語政策能夠徹底順利的推行，當年的臺灣孩子們常被灌輸：所有的方言都是土

◀國語朗讀競賽是學校推行國語教育的重要活動之一。

153

▶國語教育的實施對象並不僅限於校園內，學校還得將之推廣擴大為「社會國語教育」。

▼一九五〇至八〇年代地方社區校園隨處可見的「國語運動」標語。

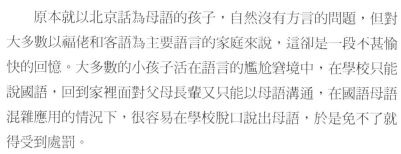

話，有讀書的人不說土話，說方言或是滿口臺灣國語就是沒水準，因此人人都要說國語，才是真正的好國民。在校園中，隨時隨地都可看見「我要說國語，不講方言」的警示標語。

原本就以北京話為母語的孩子，自然沒有方言的問題，但對大多數以福佬和客語為主要語言的家庭來說，這卻是一段不甚愉快的回憶。大多數的小孩子活在語言的尷尬窘境中，在學校只能說國語，回到家裡面對父母長輩又只能以母語溝通，在國語母語混雜應用的情況下，很容易在學校脫口說出母語，於是免不了就得受到處罰。

當時對說方言的處罰方式全臺小學都差不多，有時是被抓上講臺訓斥，有時是以罰站、罰錢或勞動服務來懲戒，最嚴重的是，讓小孩子掛上「我不說方言」的牌子，在校園中接受異樣的眼光。

為了不在學校被羞辱，孩子們逐漸不喜歡用母語與人溝通，到後來甚至無法用母語和長輩交談，大都是「會聽不會說」，於

是福佬、客家、原住民等各種臺灣母語，就逐漸淡出小學生的日常生活，乃至被遺忘了。

　　然而，這並不是臺灣史上第一次禁母語，日治時代臺灣總督府廣設國語傳習所及公學校推行「國語教育」，便是為了讓日語進入臺灣人生活中，因此也不鼓勵臺灣人在學校裡講母語，但並未特意禁止，只是用頒發表揚狀、獎品等方式，鼓勵學生在生活中使用日語。直到中日戰爭期間，日本政府才開始強烈要求在學校及行政機關等公眾場合必須使用日語，而且小學生在校園中說母語，也同樣會被掛上「我不說方言」、「我愛說國語」的狗牌處罰。

　　從清廷換成日本，再由日本變為國民政府，不同的政權卻用同樣的方式逼迫臺灣孩子拋棄自己的母語，重新適應新的「國語政策」。時代轉變了，然而這荒謬的場景，卻總是在政權更迭之際重新上演……。

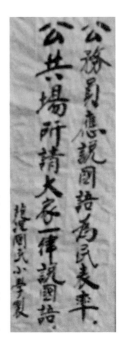

▲不只小學校園，連公務員也必須說「國語」！

155

小心，匪諜就在你身邊

反共教育

> 反攻、反攻、反攻大陸去，反攻、反攻、反攻大陸去，大陸
> 是我們的國土！大陸是我們的疆域⋯⋯。
>
> ——〈反攻大陸歌〉

　　西元一九四九年，中國共產黨於中國大陸建國，中華民國政府退守臺灣，國共內戰進入了兩岸軍事對抗的新局面。中共積極的想要解放臺澎金馬，而臺灣政府則緊抱著「反共復國」的理想，因此一九五〇年代，臺灣海峽間的大小戰役持續不斷，直到一九五八年的八二三砲戰期間，美軍強力介入支援臺灣，讓中共

▶在反共年代，連孩子的塗鴉也是「反攻大陸」。

不得不放棄進占臺島的計畫,而臺灣政府也在美國的要求下,宣示不會主動發動戰爭,臺海兩岸的局勢自此轉變為冷戰的軍事對峙,對抗的戰場開始轉移到國際政治舞臺上。

　　「反攻大陸,解救同胞!」「反共抗俄,殺朱拔毛!」「消滅萬惡共匪,解救苦難同胞!」「打倒俄寇反共產,消滅朱毛殺漢奸!」在戒嚴時代成長的臺灣人,對這些充滿濃厚反共意識的口號一定耳熟能詳。中華民國政府遷臺後,「反共教育」成為全島各中小學的教育重點,目的是希望加強臺灣人對中共的敵我意識,為政府當局反攻大陸做準備。

　　在當時,不論是什麼科目,都以反共為最重要的教育指標,而小學教師所使用的教學手冊上,也載明講課時須時時提及反共思想,例如歷史課若說到周公制禮作樂,就得告訴學生,共匪是如何施行暴政,破壞中國傳統文化;地理課教長江、黃河時,便要說共匪不顧民生建設,使得中國大陸水患連年;作文時不論什麼題目,一律以「反攻大陸」作結;就連音樂唱遊課學的也

▶原本應是輕鬆愉悅的學生音樂表演,曲目也變成〈反攻大陸去〉等嚴肅反共歌曲。

◣「好消息,共匪無條件投降了!」

▲在兩岸冷戰時代,保密防諜的壁畫隨處可見。

是反共愛國歌曲。簡而言之，不管什麼課程，只要言必稱「反共」，大體上就不會出錯。

伴隨著反共復國的目標，保密防諜的氣氛也瀰漫在校園裡。當時每個學生都是人手一本保防小冊子，學校每週也固定會有保防課程，時時不忘教導孩子們「小心匪諜就在你身邊」與「隔牆有耳」的保防觀念，於是原本應該充滿無憂無慮歡笑聲的校園，因為匪諜可能就在身邊，而顯得嚴肅且沉重。

日治時代的皇民化教育崇拜日本天皇，國民政府的反共教育則是崇拜先總統蔣公。隨著反共教育如火如荼開展，蔣中正總統也被塑造成民族的救星、神聖不可侵犯的偉人，更是全體國民誓死效忠的對象。於是，許多場合都必須唱國歌，向國旗致敬，朝偉大的領袖蔣總統肖像鞠躬，最後大喊「中華民國萬歲，蔣總統萬歲」。

蔣公崇拜運動在小學教育中展現得淋漓盡致，在學校裡，凡聽聞演講中出現蔣公名號，所有小學生都必須立刻原地立正；如果是坐著，則必須兩手交叉背後，抬頭挺胸，待演說者說「稍息」，學生的身體才能放鬆。而課堂上的上課內容，都會出現領

▲早年的學校保防教材。在一九八〇年代以前，學校每週至少會有一堂保防教育課。

▲隨著時間的流逝、兩岸局勢的改變，曾經隨處可見的反共標語，如今在校園中幾乎已找不到其蹤跡。

▼臺中清水國小學生表演的反共話劇，戲碼名稱就叫「檢舉匪諜」。

袖崇拜的字眼，就連作文或演講也必定可見「蔣總統萬歲」、「跟隨偉大的民族救星」等字句，若結語少了這些制式的標準答案，分數肯定不會太高。就這樣，戰前天皇的造神運動，在戰後原封不動被套用在蔣總統的身上。

當時校園裡隨處可見的反共標語和領袖銅像，在臺灣經歷政治民主化後，現今幾乎已在小學校園中消聲匿跡。雖然反共教育與蔣公崇拜，並不能算是一段令人愉悅的校園記憶，但有時想起那個詭譎的年代，相信許多人仍會發出會心的一笑。

▲在過去校園中，反共復國的相關標語往往會標示在升旗臺上。

反攻大陸去

校園躲貓咪

防空演習

> 中華民國人民對實施防空有協助之義務，戰時或事變時，為
> 救護或避免緊急危難，有服役防空及供給物力之義務。
>
> ——西元1948年　〈防空法第三條〉

　　對於戒嚴時期的小學生，空襲演練
是童年學校生活的一段有趣回憶。在兩
岸冷、熱戰對抗的年代，兩岸雖從未發

生大規模空戰，臺灣也不曾在火線之上，但本島的空襲演練卻是
省不得，因為萬惡的共匪隨時都有可能來襲。

　　早期的防空演習，強制要求全民參與，學校單位實施得尤其

▶防空演習時學生依
　序進入防空洞；此
　種景象在兩岸形勢
　趨緩後已很少見。

徹底。在防空演習時，只要一聽到警報聲響起，所有的課程都必須停止，學生得迅速的把椅子搬到桌上，然後躲到桌子底下，用雙手姆指塞住耳朵，剩下四指罩住眼睛，嘴巴還要張開來，就這樣安安靜靜的等到演習結束。

　　每次演習都得在桌下蹲個半小時，但學生們怎麼可能乖乖的維持標準姿勢不動？通常不到十分鐘大家就開始玩成一團，結果當然是招來導師的一頓訓話，但有時遇到和善的老師，乾脆就說起笑話、講講故事來打發時間。

　　有些小學的校園中，還設置有防空洞或地下室，這些空間平常都不對外開放，只有在防空演習時才會使用。學校會在校園的重要出入口貼上空襲標語，以及空襲逃難方向，當防空警報聲響起，各班老師就會帶著班上學生循著演練的路線，陸續前往分配的防空設施中躲避。

　　在演習前老師們還會教學生躲空襲的標準姿勢：若在戶外遇到敵機，要迅速就地掩蔽，全身俯臥，以雙手雙腳四點著地撐起身體，並同樣以手摀耳蒙眼，張大嘴巴，以免炮彈爆炸的震波太大衝擊身體。這本是軍人在戰場上的逃生祕訣，但在全民皆兵的時代裡，小朋友也跟著玩得不亦樂乎。

　　在小學生心中，能夠不上課的活動總是令人興奮不已，當然防空演習也不例外。為了控制學生演習的秩序，老師總會警告小

▸昔日的防空洞，現在的校園鬼屋。

▸早年小學的空襲避難演習。

▴蘆洲國小內空襲收容站的牌子。不管是什麼年代，學校都是災難的救濟、指揮中心。

▶老師正指導學生躲
空襲的正確姿勢；
四肢著地，撐起身
來是戶外遇空襲的
保命要訣。

◀校園中類似戰爭設
施的物件，現今少
有人知道其用途，
反而被孩子們視為
捉迷藏的躲避處。

孩子，若不好好配合演習，等敵軍炸彈下來時就會受傷或翹辮子，但經過數次無聊的演習後，老師的訓誡就成了「狼來了」！調皮的男孩子開始期待敵軍真的來襲，並且放幾顆炸彈下來，打破這沉悶的演習氣氛。

隨著兩岸關係趨於和緩，臺灣的防空演習漸漸變少了，就算真有演習活動，耳邊傳來嗚嗚嗚的演習警報聲，也無人用心理會了。學校裡的防空洞因為很少使用，成了蜘蛛結網、老鼠做窩之所。現在，它們扮演最新的角色，就是恐怖的校園鬼屋，隨時勾引著孩子們對黑暗與未知的恐懼，給平靜校園增添一些有趣的想像與刺激。

🔍 歷史放大鏡

戡亂建國教育實施綱要

中華民國政府遷臺後，為了反攻大陸並因應當時的社會狀況，教育部於一九五〇年頒布〈戡亂建國教育實施綱要〉，強調民族精神教育、勞動生產教育、文武合一教育的重要性，確立了政府遷臺後教育設施的準繩，同年臺灣省教育廳也頒布了〈非常時期教育綱領〉。

政府這個時期的教育目標是以反攻復國為主，並著重軍事教育和愛國教育。軍事技能教育部分，小學有童子軍教育、中學則有軍訓課程。愛國教育則注重反共教育的養成，有所謂的三民主義教育方針，強調主義、領袖、國家、責任、榮譽等五大信念。這些教育方針或是法令，對於當年在學的學生而言，都得時常背誦，並須銘記於心。

三巨頭與四字訣

校園三門神
國父、蔣公、孔子

> 充實民族精神教育及有益學生身心之圖書；加強禮堂、操場、教室、走廊等處所具有民族精神教育意義之佈置。
>
> ——1971年教育部
> 〈各級學校加強民族精神教育實施要項〉

如果說日治時代校園中的精神圖騰，是二宮尊德和楠木正成，那麼國父和蔣公銅像就是戰後最重要的校園圖騰。

當反共教育大行其道之時，國家領導者的造神運動就伴隨著反共愛國思想而來。不知是從何時開始，全臺各級學校的大門口附近一定會有國父、蔣公兩位偉人銅像，其中以半身胸像最多，全身立像次之，坐像則最少見。說也奇怪，當時政府單位並無明文規定校園內必須豎立政治人物的銅像，但它們卻不約而同的出現在校園中。

或許是當時的政治氣氛使然，當日治時代的銅像被毀棄或拿去煉銅時，剩餘的底座空著也頗為怪異，因此放上偉大的政治領袖，作為學校的守護與愛國教育的圖騰。

164

相對於國父、蔣公這類較具政治意味圖騰，校園中的孔子銅像就顯得中性許多。他出現在校園的主因，是因為一九六六年中國大陸發動「批孔毀孟」的文化大革命，為了和對岸抗衡，政府當局便發起中華文化復興運動，宣揚儒家道統的重要性與孔孟的偉大精神，於是象徵中華文化的孔子像也就開始進

戰後，國父、蔣公、孔子。取代日治時代的二宮尊德和楠木正成，成為校園裡重要的精神圖騰。

▼比起日治時代用二
▲宮尊德的苦讀形象
鼓勵學生，孔子除
了是中華文化的象
徵，似乎也比較像
是在勉勵老師「有
教無類」。

駐校園。由此可知，校園中立孔子像雖然比較合理，但是它依
然背負著頗重的政治包袱。

　　和國父、蔣公像不同的是，校園中的孔子像多採立像，且
必定是雙手交握胸前，腰間佩玉帶劍。這是因為教育部曾發函
給各級學校，建議以唐代吳道子所繪的〈先師孔子行教像〉為
塑像標準，以展現孔子莊嚴從容之氣度。其實在日治時代，便
有一些學校立有孔子像，如：新竹公學校的校園中就有一尊小
小的孔子像，但這畢竟屬於特例。

　　國父與蔣公不僅以銅像方式進駐校園，他們的平面肖像也
同時攻占了學校的辦公室和教室。一九四八年蔣中正總
統便為自己頒布〈機關學校團體懸掛國旗國父遺像暨元
首玉照辦法〉，要求全國各機關學校團體都得懸掛國
父及其相片。及至蔣中正總統過世後，行政院又
陸續增修此項辦法，規定學校教室除了原有的
國父外，還得加掛蔣氏父子遺像及現任元首相

校長室牆上掛什麼？

早期學校的校長室或教職員辦公室牆上，都會在左右各掛上兩幅大大的長區，上面寫的是中華民國教育宗旨和目標，宣示著我國的教育內涵與精神。

國民政府於一九二九年四月公布〈中華民國教育宗旨〉，內容為：「中華民國之教育，根據三民主義，以充實人民生活，扶植社會生存，發展國民生計，延續民族生命為目的，務期民族獨立，民權普遍，民生發展，以促進世界大同。」

〈中華民國教育目標〉則是指憲法第一五八條：「教育文化，應發展國民之民族精神、自治精神、國民道德、健全體格、科學及生活之知能」。

一九七五年，教育部曾針對小學教育公布〈國民小學課程標準〉，指出：「國民小學教育，以培育活活潑潑的兒童、堂堂正正的國民為目的，應注重國民道德之培養，身心健康的鍛鍊，並增進生活必需之基本知能。」

上述三項宗旨、目標，其性質大都只是政策上的宣示，並無實質的施行內容，雖高懸於校內，卻少有學生會想知道那是什麼，只是偶爾會記起校長室裡，似乎有幾幅長長的對聯……。

機關學校團體懸掛國旗、國父遺像、先總統蔣公遺像、蔣故總統經國先生遺像暨元首玉照辦法

【第一條】機關學校團體懸掛國旗、國父遺像、先總統蔣公遺像、蔣故總統經國先生遺像暨元首玉照依本辦法辦理。

【第二條】機關學校團體之禮堂、會議廳（室）及集會場所之正面牆壁應正懸國旗一面，其下懸掛國父遺像。

【第三條】先總統蔣公遺像懸於國旗及國父遺像之對面牆壁。

【第四條】蔣故總統經國先生遺像，懸於國父遺像右方牆壁，元首玉照，懸於國父遺像左方牆壁。

【第五條】僑團懸掛國旗、國父遺像、先總統蔣公遺像、蔣故總統經國先生遺像暨元首玉照，比照前三條規定辦理。但遇有公開集會必須懸掛僑居國國旗及該國元首玉照者，依外交部之規定辦理。

【第六條】本辦法自發布日施行。

（二〇〇二年七月一日廢止）

片，於是學校教室及辦公場所的四面牆壁，全部被中華民國歷任元首的相片給占領了。這和日治時代學校設置奉安箱供奉天皇御真影和敕語的行為，有著相似的意味。直到臺灣政治走向民主化之後，行政院才於二○○二年正式廢止此辦法，僅規定在集會場所掛國父遺像暨現任元首照片，但不強制執行。

　　民主的社會開放而多元，政治意涵較濃厚的銅像，自然與清新的校園文化格格不入，因而逐漸消失。這些銅像的命運，有些直接遭到棄置，有些則被搬進校史文物室或是移至校園最偏遠的角落。也有部分地方政府特地另闢區域，收容這些落難的銅像，形成以政治人物銅像為主的另類主題公園，例如桃園大溪鎮公所便特別籌設蔣介石塑像藝術園區，為臺灣政治環境的今昔變遷作最直接的見證。

熱門四字訣

禮義廉恥

> 人人要以身作則的教導，務使一般國民的衣食住行統統能合乎禮義廉恥，如此我們的社會容易進步，國家和民族方可以復興！
>
> ——西元1934年　蔣中正〈新生活運動之要義〉

禮是規規矩矩的態度，義是正正當當的行為，廉是清清白白的辨別，恥是切切實實的覺悟——這是戰後臺灣小學生都一定會背的校園生活守則，也是全臺各級學校的共同校訓。

「禮義廉恥」成為全國各級學校共同校訓的起源，要追溯到

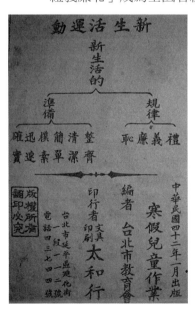

西元一九三四年。當時中國正值北伐完成不久，各項建設百廢待舉，但外有日本侵略，內有共黨叛亂，在內憂外患紛至沓來的情況下，當時身為全國軍事委員長的蔣中正，在江西南昌發起全國性的「新生活運動」，希望藉此達到振奮民心、明恥教戰之效，甚至親自撰寫《新生活運動綱要》，講述新生活運動的主旨。

這項運動的要義是以中華民族固有的傳統道德「禮義廉恥」

◀小學寒假作業本也設計有新生活運動準則。

為基準，確實的實踐於日常的食衣住行中，養成整齊、清潔、簡單、樸素、迅速、確實等生活習慣。這項新生活運動在中國各地的校園中大力推行，「禮義廉恥」四字遂成為各級學校的共同校訓。因此中華民國政府遷臺之後，全臺的各級學校也就依循陳規，將「禮義廉恥」四字奉為共同校訓。

當時，每個小學生都要將這四字守則背得滾瓜爛熟，不論是學校的廊柱上，川堂的公布欄上還是作業簿的背面，處處可見「禮義廉恥」的精神標語，每所學校的入口門楣處，也絕對會高掛蔣中正親書的「禮義廉恥」四字橫匾。而生活與倫理、公民與道德等科目中，也都有講授「禮義廉恥」精要的課程，就連作文課、演講比賽和週會的中心德目上，「禮義廉恥」四個大字都是不可或缺的主題。除此之外，在學校行事曆上，還註明了二月十九日這天是「新生活運動紀念日」。

其實，除了這四個字之外，每個學校還是可以擁有屬於自己的校訓，以展現學校的教育精神，只是在教育單位過於強調「禮義廉恥」的情況之下，真的很少有人會記得自己母校的校訓究竟是什麼……。如今，雖然「禮義廉恥」仍是臺灣各級學校的共同校訓，但已不如戒嚴時期那樣強調了。試想，在小學生畢業踏出校門之後，真能記得這宣示意味大於實質意義的四字訣中內含的守則和要目？不信，你現在背給我聽，但不可以偷看喔！

▲學校川堂的門楣是「禮義廉恥」最常出現的地方。

南縣安溪國民學校幼稚班小班師生合影
44.5.25

▶就算窮到沒有鞋子穿，也不能忘掉「禮義廉恥」喔！

▶一九三四年，「禮義廉恥」成為各級學校的共同校訓，不論你是大學生、中學生、小學生或幼稚園。

走過苦日子

牛奶與麵粉袋
美援時代

　　臺灣社會處處可見「中美合作」的字樣，包括小孩穿的褲子、衣服等，都可看見用「美援」麵粉袋做的。國小的孩子甚少有人穿內褲（我個人就是這樣子長大的），因為那不是衛生與否的問題，而是貧窮與不足的現實。

　　　　　　　　　　——臺灣長老教會牧師　盧俊義〈這也是一個契機〉

　　生在一九五〇年代，吃過「中美合作」麵粉或是喝過「美援」牛奶的臺灣人，可能還會想起「中國中國童子軍，美國美國橡皮筋，英國英國大老鷹，共匪共匪沒良心」這段順口溜吧！

　　二次大戰結束後，蘇聯靠著占領區的優勢，在東歐各國扶

▶一九五〇年代臺灣常見的牛奶站。

植共產政權，並且暗中支持西歐、
南歐地區的共黨活動，造成世界各國恐
慌。有鑑於此，美國國務卿馬歇爾提出援助計畫，藉由提供大
量物資金錢援助西歐國家，重建戰後歐洲盟國經濟，以防堵共
產主義的擴張。由於「馬歇爾計畫」在西歐的成效卓著，加以
一九四九年中國共產黨建國、一九五○年韓戰爆發，東亞區域
開始陷入共產危機，美國於是開始將實施金援的對象擴及亞洲
幾個急待振興經濟的國家，臺灣便是其中之一。

　　西元一九四九年六月，臺灣政府成立了「美援運用聯合委
員會」，隔年美國參、眾兩院外交委員會通過五千萬美元的援
華案，第一批美援物資在一九五一年二月正式進入臺灣，開啟
了臺灣的美援時代。

　　美援與民生最直接相關的地方，就是提供牛奶和麵粉等民
生物資的援助。歷經戰火摧殘的臺灣社會極度貧困，能夠領到

<table>
<tr><td>1</td><td>1</td></tr>
<tr><td>2</td><td>3</td></tr>
</table>

1 美援並非僅止於經
濟項目，軍事援助
亦是重點，當時臺
美間的軍事交流十
分頻繁。

2 戰後初期的臺灣孩
子幾乎都吃過美援
牛奶和麵粉。

3 美援時代臺灣地方
自治也開始萌芽。
圖為當時小學自治
教育的投票實習。

外國運來的生活物資，人人都感到很稀奇也很興奮。

最高興的莫過於孩子們，那時所有的孩子最期待的事就是到衛生所喝牛奶，禮拜天和媽媽一塊上教堂說「阿們」，然後領麵粉。領來的麵粉吃完後，裝麵粉的袋子還會被勤儉持家的媽媽裁成內衣褲，於是當時小學生最流行的另類衣服，就是印有星條旗圖樣的麵粉衣褲，掀開制服還會赫然發現內衣上有兩手緊握的「中美合作」圖案。

除了牛奶和麵粉，早期臺灣的若干基本建設，如電力、自來水、交通、港口和鐵路等，也是依賴美援才得以興建完成，桃園的石門水庫就是其中之一。此外，一些鄉村學校由於資金不足，雖然校舍年久失修且嚴重不足，卻無法整建，於是美援又成為重要的資金來源。直到現在南部還有幾所小學校園內，保留有那段時期所建的美援校舍，這些建築的外觀上有著不同於臺灣的美式宿舍風格，為鄉村的天空增添了異國的溫馨。

從一九五一到一九六五這十五年間，臺灣每年平均獲得一億美元的援助，當美援中止時，許多人擔心臺灣的經濟會再度陷入另一個谷底。但是事實證明，打拼的臺灣人善用美援奠下的基礎，成就了日後的經濟起飛。雖然美援時代已經成為歷史，但香濃的牛奶和土土的麵粉袋內衣，依然深植在美援世代的小學生記憶中，久久不散。

▲為了使臺灣經濟復甦，自一九四九年起，政府當局開始推動一連串的土地改革。

▲在那段生活貧困的年代，連修理課桌椅都得全校師生一起「DIY」！

走過苦日子

惡補歲月
初中聯考

　　為了讓孩子贏在起跑點，針對小學生的各式先修班、補習班、私立學校林立，小學生的補習率愈來愈高，這樣無間斷的學業惡補，讓孩子壓力很大。然而，早在一九六八年，小學生就很「命苦」了……。

　　戰後初期，臺灣的國民義務教育只有六年，因此小學生若想要繼續往上念，就得參加升學考試。第一屆初中聯考於一九五二年開辦，正式開啟臺灣小學生的聯考奮鬥史。當時的小學生一到了五、六年級，課業就開始變得非常沉重，每天都有考不完的試，老師對學生的成績更是斤斤計較，下課後不是留校念書，就是到老師家中補習，每天讀書到深更半夜是司空見慣的事，「惡補」便是那時出現的熱門名詞。在惡補的荼毒下，只要成績未達標準，就得吃上「竹筍炒肉絲」，升學班的學生皆會受到老師的藤條伺候，因此小腿經常是傷痕累累。小小年紀心智尚未成熟，

◀◀早年小學生必須面對初中聯考的嚴酷挑戰。
◀在功利主義之下，學習就不會是快樂的事。

就須面對繁重的課業壓力與殘酷的考試競爭，那時孩子們的童年實在太過沉重。

一九六八年，教育部宣布將六年國教延長為九年，稱為「九年國民義務教育」以提升臺灣人民教育水準。全臺小學歡聲雷動，孩子們終於可以擺脫升學考試的惡夢，不須鎮日與書本為伍。但是學生們的痛苦卻並未終結，激烈的升學競爭依然存在，只不過延後三年發作。

近二十多年來，臺灣教育政策歷經了數次重要的改革，著眼於國家社會發展等需求，積極改善求學品質，並期待降低升學壓力所造成的負面影響等，實施了九年一貫課程、多元入學方案，以及現在推動的十二年國教，但各界對這些教育政策意見不一。

無論何種教育制度，都有其利弊，無法讓所有人都滿意，何況只要我們仍陷於明星學校、漂亮學歷的刻板想法當中，類似的競爭壓力是無法從學習中完全排除的⋯⋯。學生及家長們若能了解到這一點，或許就能找到安然自處之道。

▶至今，小學生除了上學、課後輔導，「惡補」的生活仍然避不了。

健康大作戰
挖便便、殺頭蝨

　　老師要我們把嘴巴張開，他在我們每人的嘴裡放一顆藥，然
後要我們吞下去。幾天後，他拿著名冊，要我們每人寫上解出幾
條蟲。沒人知道蟲長得什麼樣子，但每人都在自己的欄位內寫下
一個1的數字。

——中研院生醫所副研究員　何美鄉

〈我們的童年，我們這一代〉《幼幼無恙》

　　學校的保健室對現今的小學生而言，大概只是個每學期量身
高體重、視力測驗、檢查蛀牙或偶爾身體不舒服時，可以躺一
躺、休息一下的地方，但在很多阿公阿嬤心中，保健室可不是那

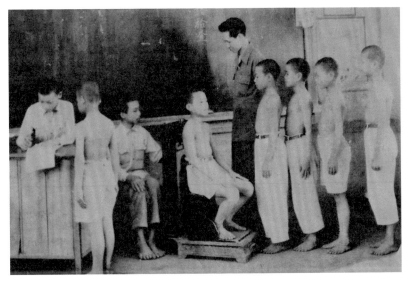

◀小學生每學期初都
　得到保健室測量身
　高體重。

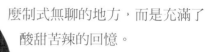

麼制式無聊的地方，而是充滿了
酸甜苦辣的回憶。

　　只要是老一輩的阿公、
阿嬤、爸爸、媽媽，大概都
曾經歷過頭蝨的問題。臺灣
早期的衛生環境並不好，能夠
天天洗頭、洗澡的孩子並不多，
頭蝨因而成為當時相當普遍的衛生問
題。由於頭蝨生長在毛髮中，傳染力又極為迅
速，因此學校裡只要有一個孩子染上頭蝨，不
用幾天，全校所有學生的頭頂，就絕對會成為
小蟲子的窩。男孩子還好，若不幸染病，頂多
剃光頭就可以杜絕後患，但女孩子總不好剃光
頭吧！這時就會看到教室中的女孩子分成二人一組，展開一場
「人蝨大戰」──你幫我抓蟲子，抓完換我幫你抓！

　　當時學校的師長們必須經常翻翻學生們的頭髮，看看裡
面是否已成蟲子俱樂部，若不幸學校出現病例，為了扼止災情
的蔓延，便會立刻在朝會上宣布，要學生明天帶毛巾臉盆到學
校，進行「護髮運動」。當時對付頭蝨的辦法在現代看來相
當駭人聽聞：老師們會用噴藥器直接將DDT粉噴灑在學生頭
上，再用布巾將頭部包裹起來，等個幾分
鐘後，再讓孩子們一個個拿著臉盆到
洗手檯前洗頭髮，如此頭蝨家族就
會一命嗚呼。雖然DDT的毒性很
強，對人體的傷害也很大，但是
在醫藥知識不發達的年代，卻是最
有效的辦法。

　　除了頭蝨之外，戰後初期小學生

最常見的疾病，還有蛔蟲、蟯蟲、鉤蟲等寄生蟲病。當時的孩子個個面黃肌瘦，不只是因為家庭窮困營養不良，絕大部分是因為這些蟲蟲在作怪。在物質缺乏、衛生落後的年代，小孩子一不小心就吃到不乾淨的東西，或是赤腳在田裡、河邊玩耍，都為蟲蟲們製造了絕佳的機會，得以鑽入孩子們的身體寄生其中。

當時，全臺的小學每個學期都會為學生作糞便檢驗，檢查學生是否感染了寄生蟲。每逢檢查糞便時，老師就會在前一天發給每個小朋友一只小盒子和一根小木片，讓孩子們回去裝自己的糞便。這實在是尷尬又討厭的任務，可是再怎麼心不甘情不願，孩子們還是會乖乖的挖一小撮臭便便，在第二天交給老師拿給護理人員檢查。最討厭的還不只是這個，如果不小心感染了寄生蟲，就得面對同學異樣的眼光，而且還要每天跟護士阿姨報到，吞苦苦的打蟲藥，光是用想的就讓許多小學生怕得發抖。

1 老師們正為女學生做頭蝨檢查。

2 學校的衛生教育宣導，希望學生注意衛生健康。

3 老師幫染頭蝨的學生灑DDT粉。

4 保健室老師正在指導小學生如何做頭巾包紮。

5 男孩子的頭癬也是早年校園健康的重要問題。

6 早年學校保健室常見的醫療用品罐和紙屑箱。

7 學校晨間檢查學生是否有剪指甲、帶手帕、衛生紙。

然而，打寄生蟲還不是保健室最讓人害怕的事，牙齒的保健檢查也令小學生聞之色變，輕者塗點酸酸的氟水了事；重者可能得面對恐怖的磨牙機，甚至坐上「刑臺」接受拔牙酷刑。可是和打針比起來，牙齒保健又只能算是小意思。

兒童傳染病的預防注射，也是保健室的重要業務，舉凡種痘、點砂眼、打卡介苗、服沙賓疫苗等，都是小學生所熟知的保健室「酷刑」，其中，又以卡介苗最令人恐懼。

卡介苗的注射分兩部分，第一次是接種試劑，如對試劑沒反應，過幾天就得再挓一針，這種兩段式的打法，常讓孩子們避之惟恐不及，所以每當檢查試劑結果時，大家都會對打針的部位又搓又揉，好讓它看來紅腫，藉以躲過第二次注射。此外，卡介苗的接種是在小學六年級，看來就像是保健室阿姨在畢業前送給大

▲環境衛生也是學校健康教育的重要一環，因此，學校有時候會安排學生上街遊行，做社區宣導工作。

180

家的臨別贈禮，真是令人心中五味雜陳啊！

當時的小學生只要聽到廣播要到保健室前集合，就知道絕對沒有好事。尤其是一些特別怕痛的學生，聽說要去保健室集合，就好像是猶太人被通知要到納粹集中營的毒氣室報到一樣，還有人會在保健室前哇哇大哭，抵死不從。

隨著經濟發展，臺灣的環境衛生和保健制度更加完善，對現在的孩子而言，蛔蟲、種痘、砂眼、頭蝨傳染等幾乎已成為歷史名詞。不過，雖然他們不再為挖便便、殺頭蝨而煩惱，卻得面對登革熱、腸病毒、SARS等新傳染病的威脅，唯一不變的是：曾讓父母感到害怕的疫苗注射，他們一樣也沒少，而保健室阿姨也依然鎮守在保健教室中，為守護臺灣孩子的健康而努力。

▲校園中常見繪有澱粉類、脂肪類、維生素、礦物質、蛋白質等五大營養素的壁畫。

181

有「深度」的孩子
小學生近視

每天不是念書、考試、補習，就是看電視和打電腦，在長時間與近距離的不當用眼下，「四眼田雞」成為孩子們的新綽號。

曾有一家眼鏡行的廣告詞：「近世進士盡是近視！」這句話道盡臺灣學生嚴重的視力問題。

根據教育部的統計資料：一〇二學年度，國小新生視力不良比例超過二七％，將近三十年前的五倍；到了國小六年級，更倍增為六八％以上，也就是說，每十位小學生中就有七人患有近視；而國中三年級的近視比例更是近八〇％。據說此項紀錄已勇奪世界第一，可說是另類的臺灣奇蹟。和其他國家相比，臺灣罹

▶早期的孩子喜歡戶外運動，幾乎沒有人有近視眼，但是在沉重的升學壓力下，近視的學生逐年增加。

患近視的小學生不單是人數多，度數也很深，難怪在臺灣的小學校園裡，眼鏡幾乎是每個學生的標準配備了。

戰後初期，孩子課後可以在曠野空地奔跑嬉戲，用四肢的時間比用眼睛的時間多出許多，「頭腦簡單、四肢發達」可說是一般小學生的貼切描述。當時除了少數用功讀書的孩子外，少有人會罹患近視，因此大家把近視與智慧化為同義詞，總喜歡叫他們「小博士」。其實除了書看得多外，當時的課桌椅設計不佳，照明設備嚴重不足以及閱讀姿勢不良，才是形成小博士的真正推手。

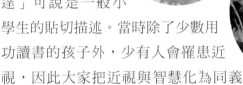

▲曾有一段時間，近視可是「小博士」的象徵。隨著臺灣經濟起飛，學生近視的平均年齡也逐年下降。曾幾何時，臺灣的小學生戴起厚重的大鏡框，個個成為「有深度」的孩子。

隨著經濟日漸發達，臺灣進入工商業社會，小學生除了課堂上的正規教育，還在父母望子成龍、望女成鳳的期待下，鎮日出入各式各樣的家教班、美語班和才藝班等，繁重的課業讓孩子們用了一整天的疲勞眼睛，沒有喘息的機會。原本屬於他們的大自然空間被高樓大廈所取代，最大的娛樂也變成看電視、打電腦遊戲、滑手機，於是耗費眼力的時間大量超越活動四肢。在長時間、近距離不當用眼的情形下，近視的比例逐年攀升，「四眼田雞」也成為他們揮之不去的綽號。

這樣的結果也造就了臺灣眼鏡工業的蓬勃發展。早年臺灣的眼鏡行是包含鐘錶、刻章、配鎖等業務，屬於複合式的民生產業，並非專業的保健商業。到了一九七〇年代，臺灣經濟起

飛，民生娛樂普及，臺灣開始有專業的眼鏡行出現。不消幾年，單一眼鏡行發展成全國連鎖式的眼鏡集團，如大家所熟知的寶島、小林眼鏡等都是在七〇年代後期崛起。如今臺灣眼鏡市場的競爭進入白熱化，全臺有七百多家眼鏡連鎖量販店，每年共同搶食將近二百億新臺幣營業額的商機，如此驚人的數字，證明臺灣眼鏡族的人數眾多，關於這一點，臺灣各大中小學的教育，實在是居功厥偉、功不可沒。

還記得「哈立巴」或「魚肝油」嗎？早年每個父母親都會買這些營養品給孩子服用，因為據說它可以保護視力，但是從小學生戴眼鏡的比例看來，它們的效果已經很清楚了。其實，近視與營養的關係並不大，近視度數深淺與智慧高低更是兩碼子事，正常的生活作息與充足的戶外運動才是真正的關鍵。你想要做小博士、目鏡仔、四眼田雞還是健康的千里眼？一切就看自己囉！

🔍 歷史放大鏡

臺灣學生歷年近視比例比率

年　　別	72 年	75 年	79 年	84 年	89 年	91 年	95 年	99 年	102 年
國小一年級	5.8%	3.0%	6.6%	12.0%	20.4%	24%	19.6%	21.5%	27.65%
國小六年級	36.7%	27.5%	35.2%	55.0%	61.0%	48%	61.8%	65.8%	68.87%
國中三年級	64.2%	61.6%	74.0%	76.0%	80.0%	71%	77.1%	77.1%	79.60%

（資料來源：教育部 2014 年）

棒球籃球躲避球

體育課

　　下課鐘響，操場空地成為小孩子的遊戲區，左邊玩籃球，右方踢足球，前面打棒球，「老師小心！」後頭飛來一顆躲避球。

　　體育課是多數小學生都喜愛的課程之一。不論是日治還是現代，小學初等教育大都是參考西方學制所訂定，因此體操、單槓、田徑和躲避球等都是必有的體育課活動，唯一不同的是，戰前陽剛味十足的劍道、相撲等日本傳統運動，轉變為溫文儒雅的踢毽子、扯鈴等中國民俗技藝。

　　大多數的球類運動在日治時代就已由日人引進，其中最常被

◀現在的小學體育課愈來愈多樣化，也自由、隨性許多。

排入體育課程的就是躲避球，因為它可以培養學生的團隊精神，並訓練孩子肢體的敏捷反應，而且只要有一顆球，不論在什麼地方都能玩，因此很受小學生歡迎，各校間也常舉辦校際比賽。

不過，說到校外比賽，棒球才是小學球類比賽的大宗。棒球運動從日治時代就受到大力推廣，到了戰後依舊昌盛，尤其是一九六〇年代的紅葉少棒傳奇，更將臺灣的少棒運動推到了頂峰。而籃球則是戰後才由國民政府引進推廣，但或許因為身高發育問題，小學的體育課程中，要到高年級才開始教授籃球，因此小學生打籃球的風氣並不昌盛。

當然，小學生在學校運動的機會可不只有體育課。一九六〇年代至今，大多數的小學每天早上朝會或第二節下課，就是小朋友們的「國民健康操」時間，只要是晴朗的天氣，全校師生就會在操場集合，隨著輕快的健康操音樂擺動身體做體操。

如今，只要聽到那熟悉的健康操樂曲，屬於那個世代的「四、五年級臺灣人」絕對都會忍不住站起來動一動喔！「國民健康操，兩手叉腰，預備，1－2－3－4，5－6－7－8，2－2－3－4，5－6－7－8，……」

▲不管是日治時代或戰後，拔河是學校運動會上不可或缺而且極受歡迎的競賽項目。

◀晨間運動時間，司令臺上的老師正帶著學生做體操。

校園寵物──大象

你是否還記得，小時候那隻靜靜站在操場一角、造型古樸的大象溜滑梯？

這種大象造型的溜滑梯大約是在一九五〇年代開始出現在小學校園中，以灰色的洗石子為主要製作模式，乍看之下還頗有些印度雕塑藝術的風格。在一九五〇至一九八〇年代，全臺的小學幾乎都會養這麼一頭大象，除了作為孩子們的遊戲設備外，身上經常還背負著「盡忠報國」或「保密防諜」等政治標語，充滿寓教於樂的功能。不過，到了九〇年代，這批大象溜滑梯大都被色彩鮮豔的塑膠溜滑梯所取代，慢慢地消失在校園之中。

星期六
童年再見！

鳳凰花開，驪歌聲起
這才知道說再見的滋味是什麼
仍愛趴在雜貨店的櫥窗邊
望著五顏六色的糖果球
仍愛窩在租書店的角落裡
和諸葛四郎一塊冒險

畢業了！母校再見
我會記得寬闊的大操場和那座盪過的鞦韆
溫柔漂亮的女老師和一起玩耍拌嘴的男同學
再見童年
我的小學歲月

當我們玩在一起

歡樂童年

玩具VS.電視

> 我們在還不知孔子、孟子是何許人也的時候，大俠一江山、
> 草翁等草莽英雄，卻早已耳熟能詳、琅琅上口了……布袋戲那種
> 千變萬化的情節，以及電光石火的熱鬧刺激，更能吸引我們。
>
> ——雲林文學作家　羊牧〈廟口〉

　　早年的臺灣是個農業社會，一般家庭大多生活困苦，孩子們
在課餘時得幫忙家務，沒有多餘的閒暇時間，更不可能擁有太多
的玩具。然而，那時的孩子又哪裡需要什麼玩具？他們的娛樂雖
然簡單，卻充滿樂趣，玩彈珠、跳格子、丟沙包、河邊釣魚等，
樣樣精采刺激。到了戰後，由於社會經濟逐漸富裕，民生娛樂的

▶洋娃娃是女孩們的
　最愛。
▶▶童玩是孩子們最重
　要的兒時玩伴。

產品也變多了，孩子們開始有較多的時間嬉戲，但娛樂型態已截然不同，選擇也更加多樣了。

竹槍與布娃娃

　　每個時代都有專屬於那個世代的玩具，它們是孩子心中永遠的最愛，也是童年遊戲的最佳夥伴。早期的童玩幾乎全都取材於大自然，並且大多由自己親手製作，在那物資缺乏的年代，想要擁有玩具，就必須自己動手動腦DIY，譬如沒錢買玻璃彈珠，就拿龍眼籽充當；隨手摘一片樹葉就可以捲起來當笛子吹；一張廢紙和兩根竹枝，就能變出飛揚空中的風箏；幾雙用過的竹筷也能變身為手槍；媽媽裁縫剩下的碎布加上綠豆可以做成女孩子最愛的沙包，另外像陀螺、毽子、跳繩、竹蜻蜓等，也都可以利用身邊現有的材料製作。這些自製的玩具或許並不精緻，卻個個充滿古樸情趣與個人創意，不僅益智而且符合環保效益。

　　經濟起飛後，由工廠大量製作的塑膠產品開始充斥玩具市場，塑膠水槍、關刀和布袋戲人偶開始擄獲兒童的心。慢慢的，火柴盒小汽車攻占了小男生的世界，布偶娃娃成為小女孩扮家家酒的最愛，接著小汽車一路升級成電動搖控車，洋娃娃從土產布偶變成美麗的芭比與莉琪，水槍更是由會發出聲響的太空槍，演進到可發射子彈，幾可亂真的玩具手槍。商店裡的玩具五花八門、色彩鮮艷、製作精美且造型花俏，但小學生卻少了自己動手做玩具的樂趣。

1	2	3

1 早年每個臺灣孩子都曾坐過的木馬。

2 陀螺是早期童玩之一，不過現在大概少有孩子懂得如何「打陀螺」了。

3 汽車是孩子的大玩具，對五〇、六〇年代的臺灣孩子來說，坐轎車是新鮮的經驗。

有趣的是，當時代愈進步，玩
具種類愈繁多時，為人父母者卻逐
漸懷念起那些古早味的童玩，開始
重新和孩子們一塊動手製作兒時的玩具，於是我們終於明瞭：
「製作玩具」本身就是一種遊戲，得來不易的童玩才會有充滿溫
馨的回憶。

▲在沒有電視的年代
　裡，戶外野臺戲就
　是臺灣孩子們的
　「電視」了。
▼布袋戲尪仔曾陪伴
　著臺灣孩子成長。
▲兒童樂園曾經是臺
　灣唯一的兒童遊樂
　場呢！
▼塑膠玩具雖然製作
　粗糙，卻是孩子們
　最佳的童年玩伴。

從電視、電動、電腦到「低頭」兒童

　　一九五〇到一九六〇年代的小學生，家中環境雖稱不上富
足，但隨著經濟發展與物質環境的改善，小朋友們多了些新鮮的
童玩與課外讀物，而收音機也開始日漸普及，此時的孩子們多了
聽廣播歌曲的娛樂。然而，真正讓臺灣小學生神魂顛倒的劃時代
產品，絕對非電視機莫屬。當電視自一九六〇年代末期開始逐漸

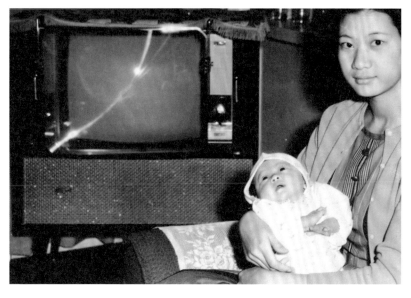

普及之後，小學生的休閒娛樂便和這個新奇的黑色方盒子緊緊相繫，再也無法割解。

　　許多「四、五年級」的臺灣人，一定還記得村中第一臺電視機出現時，心中的好奇、興奮與快樂。當時孩子放學後的第一件事，已不再是回家幫忙，而是跑到有電視的同學家，守在電視機前看歌星唱歌、欣賞電視劇。第二天到學校裡，聊的是電視劇的內容，玩的則是電視劇的角色扮演。於是，一九七〇年代的布袋戲「雲州大儒俠史豔文」，造就了「學生翹課、農民廢耕」的收視風潮；八〇年代的港劇「楚留香」，讓校園裡有如江湖叢林，處處是「大俠」；到了二十世紀末，則有日本卡通、外國影集大舉攻進臺灣小學校園。電視節目不但在螢幕上搬演，也在現實世界衍生出許多周邊玩具商品，在雙面夾擊的猛攻之下，電視娛樂成了臺灣孩子的童年新寵，孩子們一天到晚「守著電視守著你」，於是出現了「電視兒童」的稱呼。

▶踢毽子、跳繩子曾
是早年校園常見的
學童娛樂之一;如
今已被電玩、手機
遊戲等新興商品所
取代。

　　一九八〇年代後期,孩子們又多了一項童年娛樂──電視遊
樂器。從最早的掌上型電動玩具,到必須連接電視的電視遊樂
器,這項來自日本的兒童娛樂馬上超越了單純欣賞電視節目的樂
趣,它讓螢幕變成一座無限廣闊的遊樂場,不必移動身體就能玩
遍各種遊戲,俄羅斯方塊、超級瑪利成為孩子們課後的最佳玩
伴,「電視兒童」一躍成為「電動兒童」。

　　隨著臺灣由工商業社會進步到資訊社會,小學生的娛樂也從
電動遊戲升級到電腦遊戲,這項娛樂不但種類多元,汰換速度也
快,為了不使自己在同儕間顯得落伍,孩子們開始要求父母買電
腦,以方便他們玩遊戲甚至上網與人競技,孩子的娛樂場從電視
機前搬到了電腦桌上,「電動兒童」再度升級為「電腦兒童」,
甚至是今日的「低頭兒童」。

　　時代在變,孩子們的娛樂也不斷在變,原本群體互動的遊戲
時間,逐漸變成獨自面對螢幕的世界。雖然不必活動身體,不必
言語溝通,就能走進數千公里外的世界各地,但是孩子們的天
地,究竟是更寬廣、還是更封閉了?

當我們玩在一起

舊天堂樂園
柑仔店＋福利社

> 店仔也是鄉下囝仔郎最嚮往的地方，一些比較低廉的飲料、
> 餅乾、糖果，以及不斷翻花樣，隨著電視廣告不斷侵進來的零
> 食、小玩具，時時都在引誘他們的注意力。
>
> ——彰化鄉土文學詩人　吳晟〈店仔頭〉

　　在孩子們的純真世界裡，有吃有喝有玩的地方，就是最快樂
的天堂樂園，因此，許多人兒時的快樂天堂，就是位於巷口的柑
仔店和學校的福利社。

　　什麼是柑仔店？現今「七、八年級」的年輕人大概都不太清

◀日治時代的柑仔店
主要販賣煙、酒、
醬油等等民生必需
品，有時也兼賣糖
果、零食；是臺灣
一般家庭重要的日
用品補給站。

楚那是什麼地方，其實，它就是早期臺灣社會舊式的雜貨店。擁擠、昏暗卻亂中有序的小小店鋪，放滿了各式各樣的日用雜貨，是早期一般家庭不可或缺的生活用品補給站，雖然它不像現在的7-11或超級市場有著明亮燈光、整齊貨架和巨型冰櫃，但卻有會和你問好聊天的八卦老闆娘，讓柑仔店同時身兼街坊資訊傳播站的重要角色。

然而，在孩子們心中，生活機能齊不齊全其實一點兒也不重要，重要的是，柑仔店內琳瑯滿目的貨品，就如一座堆滿玩具和零食的寶庫，尤其是擺放在大門口的玻璃櫥架內，排滿了一個個塞得快要炸開的透明玻璃糖果罐，裡頭放著五顏六色的蜜餞、糖球、山楂片、健素糖、森永牛奶糖和白雪公主泡泡糖等，而結滿冰霜的小冰箱裡，則有古早枝仔冰、小美冰淇淋、鮮豔橘子汁、彈珠汽水、榮冠可樂等，這些令人眼花撩亂的糖果飲料發散出無人能擋的魔力，讓孩子們的雙腳彷若生根似的無法離開，只差沒有口水流滿地。

光有吃的已經夠引人了，再加上玩具那更是讓人無法招架。在柑仔店中也賣孩子們最愛的童玩，例如尪仔標、布袋戲、玻璃彈珠甚至元宵節燈籠，但最受孩子歡迎的還是刺激的「抽」和「戳」的遊戲。「抽」就是抽紙粒，一張半開大的薄紙板，上半部排排貼著五元、十元或是各種糖果，下半部則密密貼著

▲早期的汽水箱。
◀在早年玻璃瓶汽水是極奢侈的零食。
◥應有盡有的零食玩具，滿足孩子們所有的需求。

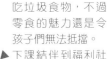

上百張紙粒，孩子們先把五毛硬幣交給老板，然後戰戰兢兢的選一張撕下，用小手指輕輕揉一揉、搓一搓，在心跳加速間，把小紙片撕開，看看能不能幸運的將紙板上貼著的獎品帶回家。「戳」則是戳洞，長方形的扁紙盒內部分隔成棋盤式的小方格，上頭以一大張薄紙覆蓋起來，方格裡頭藏有各式各樣的玄機，只要以食指戳破紙面，立刻就能知道是大獎在握還是銘謝惠顧。這種兼具娛樂和飲食樂趣的遊戲，是當時孩子們的小樂透，每當廚房的醬油用完時，孩子們總會自告奮勇幫媽媽去採買，其實主要目的是想順便偷偷「抽一下」試試手氣，搞不好就能為自己添購最愛的零食和玩具。

相較於民間柑仔店，屬於公家機關的學校福利社（或稱做合作社），可就稍微遜色了。由於學校是教育單位，因此福利社中的商品主要是與課程有關，例如文具、作業簿、體育用具，甚至制服、帽子等，但為了方便學童在校期間能隨時填飽肚子、補充熱量，也附帶賣一些麵包零嘴，因此就成為戰後小學生在學校時，唯一的糧食補給站。

由於學校對學童的身心教育有責任，因此福利社內並不販賣無益於孩童身心健康的零食玩具，像抽糖果和尪仔標這類遊戲，在這裡是找不到蹤跡的，更別提色素和化學添加物較多

◀老師雖大力宣導別吃垃圾食物，不過零食的魅力還是令孩子們無法抵擋。
▶下課結伴到福利社補給零食存貨。
▼學校福利社招牌。

▶冰棒是夏季福利社
最受歡迎的商品。

的蜜餞或口香糖。不過,還是有乖乖、王子麵、蘋果麵包和吉利
果等熱門兒童商品。因此,雖然它不似校外的柑仔店那麼有趣,
但每當下課鐘聲響起,學校的福利社裡還是馬上擠進滿滿的學
生,用買文具剩下的錢補充自己的零食存量。

　　在便利超商充斥的時代,傳統柑仔店已逐漸被淘汰,福利
社也因政策因素不許再販賣零食,許多人開始懷念一九六〇、
一九七〇年代,那是臺灣經濟開始起飛的時代,也是小學生零食
與娛樂崛起的時代。鮮豔的化學果汁、甜膩的棒棒糖、單調的色
素冰棒,還有總是擺出酷酷表情,內心卻滿溢人情味的柑仔店老
闆娘。啊!那是多麼令人回味無窮的天堂滋味。

當我們玩在一起

看書不會想睡覺
漫畫與童書

> 福利社裡面什麼都有，就是口袋裡沒有半毛錢。諸葛四郎和
> 魔鬼黨，到底是誰搶到那枝寶劍。
> 隔壁班的那個女孩，怎麼還沒經過我的窗前。嘴裡的零食，
> 手裡的漫畫，心裡初戀的童年……。
>
> ——羅大佑〈童年〉

　　根據二〇〇三年教育部的統計，有六成的臺灣小學生每天閱讀課外讀物的時間，不到一個小時，這讓許多家長和老師們納悶，為什麼現今的孩子們不再愛看課外讀物了呢？在他們那個年代，課外讀物卻是小學生的精神食糧。

　　戰後初期，受限於國內的經濟發展和升學壓力，臺灣小學生的課外讀物並不多，市面上的兒童讀物，多是由公家單位資助的機構所出版，例如聯合國補助出版的《中華兒童叢書》，或是教育部國語推行委員會指導的《國語日報》。《國語日報》可以說是臺灣兒童報刊永

◀永遠的兒童報紙：《國語日報》創刊了！有很長的一段時間，《國語日報》是臺灣唯一的兒童報紙。

遠的代名詞，創刊於一九四八年，前身為《北平國語小報》，目
的是為了推廣國語並普及教育，是臺灣當時唯一的注音報紙。

　　由於《國語日報》的文字簡潔，文章內容深入淺出，處理新
聞謹守「教育意義重於新聞價值」的準則，對文教事務的報導有
獨到之處，因此早期臺灣每所小學都會訂閱，有些學校還會每班
一份，當作學生在校的課外讀物，甚至還有老師規定自己班級的
每位學生都要訂閱，以便在家也能增長知識，而學校老師也常自
《國語日報》中出作業習題，藉此督促學生認真讀報。

　　當時《國語日報》也是臺灣童書作家發表創作的唯一園地，
因此培養了不少兒童文學作家，此外，日報中也陸續引進許多國
外兒童讀物，如：《小亨利》、《淘氣阿丹》、《世界兒童文學
名著》等，成為一九六〇到一九八〇年代臺灣童書市場的大宗。
不過，國語日報再怎麼風行，畢竟是教育推廣下的結果，事實
上，孩子們心中真正最愛的熱門課外讀物，還是漫畫。

　　一九五〇年代是臺灣漫畫的起步階段，陳海紅獨創武俠漫畫
新風貌的作品《小俠龍捲風》和《霹靂神童》全臺轟動，而牛哥
的《牛伯伯和牛小妹》系列作品也紅極一時。一九六〇年代，臺
灣本土漫畫逐漸興起，漫畫雜誌在大街小巷到處風行，孩子們放
學後的最佳娛樂，便是到學校附近的書攤看漫畫。當時無人不知
葉宏甲的四郎真平，無人不識劉興欽的《阿三哥》、《大嬸婆》
與林大松的《義俠黑頭巾》。漫畫的影響力到底有多大呢？從歌

▲小學優良讀物展。
◀早年臺灣孩子的課
　外讀物相當貧乏。
◥國語日報社所出版
　的《世界兒童文學
　名著系列》。

手羅大佑的歌詞「諸葛四郎和魔鬼黨，到底是誰搶到那枝寶劍」中，就可窺見一二。

　　一九六〇年代末期，日本的盜版漫畫開始登陸臺灣，一躍成為臺灣漫畫界的主流，從中性的《小叮噹》和《怪醫秦博士》、小男生最愛的《好小子》、陪著小女生一起成長的《甜姐兒》和《千面女郎》，到現代的《城市獵人》、《櫻桃小丸子》、《灌籃高手》、《名偵探柯南》或《遊戲王》、《航海王》，小學生的漫畫尺度逐漸突破禁忌。如今，每個世代的兒童雖早已忘記小學課本裡的東西，卻仍擁有屬於同時代的漫畫記憶，可見漫畫的魅力。

　　近一、二十年來，愈來愈多出版社投入童書市場，從早年東方出版社獨撐大局，到今日來自世界各國的精美繪本，孩子們在兒童報紙、雜誌或漫畫書之外，有更多的課外讀物可以選擇。只不過根據調查，網路時代長大的孩子，七七％會選擇上網查資料，卻只有一四％會去翻書。在智慧型手機和電腦的夾擊下，臺灣的小學生似乎愈來愈不喜歡「閱讀」這項休閒活動了，如何讓孩子們重新燃起閱讀的興趣，已成為臺灣小學教育的重要課題。

▲一九五〇年代風靡全臺的漫畫《諸葛四郎》。

▶由左至右依序為：牛哥的《牛小妹》、葉宏甲的《諸葛四郎》，林大松的《義俠黑頭巾》、劉興欽的《阿三哥》、以及陳海紅的《小俠龍捲風》。

校園災難片
小學站起來

　　哇！天搖地動，地面上的樹和建築物紛紛抵擋不住，倒地投
降。大地震稍停，我們急忙折返，……街上的住家和學校內的教
室建築等，百分之九十五以上均已倒塌，一片混亂之極。

　　　　　　　　——峨眉國小校友　范德有《峨眉國小創校百週年專刊》

　　進入二十一世紀的臺灣，降雨量逐年遞減，每到夏季全島便
會大喊缺水，臺灣這塊「番薯地」，似乎就快被曬成番薯乾了，
於是臺灣人終於意識到，無論「水多水少」都是天災煩惱。

　　其實，臺灣是個水災比旱災多的島嶼。「作大水」一向是老

▶西元一九三五年，臺中內埔庄在關刀山地震時的災後救助場景。

◀◀日治時代小學在天
　災過後舉行慰靈
　祭，追悼死難者。
◀日治時代一位教師
　在日記上描述的風
　災景況。
◀臺灣夏季多水、風
　災，因此學校也相
　當重視防颱教育。
▶小學經常舉辦防颱
　作文以及壁報設計
　比賽。

　　一輩臺灣人最深刻的天災記憶，而造成受災面積最廣、受害小學
最多的水患，當屬西元一九五九年的「八七水災」。一九五九年
八月七日，臺灣下了一場罕見的豪雨，降雨公釐數打破半世紀
以來的紀錄，造成臺灣中南部洪水氾濫，四處都是水鄉澤國。
由於當時氣象預報技術落伍，又缺乏防災觀念，因此總計有
六百六十七人死亡，將近二十萬人無家可歸。

　　八七水災造成的災情範圍很廣，遍及臺灣十三個縣市，不少
小學受創嚴重，學校辛苦收藏建立的檔案被大水沖走或泡爛，校
舍建築等硬體設備也遭豪雨或土石流沖毀。當時各國友邦與海外
華人，募集了大量的賑災物資和基金，來協助臺灣災後重建，於
是政府將剩餘的賑災基金，在中南部設置多所新學校，而為了感

念華僑的愛心，這些小學皆以「僑」字命名，如彰化僑信國小、雲林僑美國小等。

水災固然可怕，但地震的破壞力更強，地牛翻身往往可以在一夕之間，將數所學校夷為平地。例如一九三五年四月二十一日所發生的關刀山大地震，地震規模七‧一，只比一九九九年的九二一地震稍小一些，震央所在地位於現今苗栗縣關刀山一帶，有感區域遍及全島各地，甚至遠達福建地區。關刀山地震造成全臺有三千二百七十六人喪生、一萬七千九百零七戶房屋倒塌，而新竹、臺中一帶的小學災情非常慘重，校舍震毀，師生遇害的消息在當時報紙新聞欄上隨處可見。翻開新竹縣峨嵋國小日治時代的沿革誌，在昭和十年四月二十一日那天，顫抖的筆跡記錄著地震發生的一刻：「午前六時二分，大地震……一震又一震……」字字怵目驚心，天災地變彷若昨天。

九二一大地震是繼關刀山之後，臺灣史上最大的地震災害，其所造成的慘況令人記憶猶新。當時南投、臺中一帶有不少學校受創嚴重，不僅校舍全毀，學生傷亡人數亦不少，霧峰光復國中和臺中軍功國小，甚至有地震斷層經過校園。幸賴各界的捐助與校內師生的努力，所有受災學校都能在最短的時間內重建或復校，許多學校也把握這次的機會，重新建設校園新面貌，給學生們一個更舒適與安全的學習空間。

天災來臨時，學校單位雖然也是受災戶，卻往往必須堅強的扮演庇護所的角色。例如九二一大地震時，許多學校明明災情慘

▲一九三五年關刀山地震時，新竹北埔地區的受災景像。此圖的現場為北埔信仰中心——慈天宮媽祖廟。

◀苗栗苑裡國小的「亡學友慰靈碑」是紀念在關刀山地震死去的學生。

◥新竹峨眉公學校沿革誌上對關刀山地震當時的記載。

204

重，但校園還是開放成為救濟站，讓受災民眾有暫時的安身之所。早期北縣蘆洲地勢低漥，遇雨則淹，蘆洲國小在飽受水患之苦時，同樣也設有災民收容所，甚至還建有防洪教室。不管受災如何嚴重，學校永遠必須咬著牙，在第一時間成為災民的保護者，同時又得自立自強重新站起。如此看來，天災雖然可怕，能在頃刻之間造成重大破壞，但人的重建力量卻更堅強，只要願意站起來，原本是悲劇的災難片，就會轉為溫馨的喜劇收場。

🔍 歷史放大鏡

臺灣地區距離活斷層一百公尺內的小學

臺北市：桃源國小
新北市：三和國小、成洲國小、建國國小
桃園市：公埔國小、忠貞國小
新竹市：竹蓮國小
新竹縣：華興國小、新城國小
苗栗縣：僑成國小、新興國小、南庄國小
臺中市：沙鹿國小、健民國小、萬豐國小
南投縣：桶頭國小、郡坑國小、新興國小
彰化縣：三春國小、白沙國小、東和國小、復興國小
雲林縣：山峰國小、梅林國小
嘉義縣：中崙國小、黎明國小
臺南市：崎內國小、新山國小
高雄市：右昌國小、仁武國小、永芳國小、鳥松國小、灣內國小
屏東縣：恆春國小、新豐國小
宜蘭縣：二城國小、四季國小、同樂國小
花蓮縣：中華國小、舞鶴國小、玉里國小、三民國小、富南國小
臺東縣：永安國小、電光國小、萬安國小、大坡國小

（資料來源：中央大學應用地質研究所《臺灣省中小學校園附近活動斷層普查及防震對策研究》，一九九七）

再看我一眼
校園巡禮

> 記憶中，還有學校日本式的教室與校舍，我總得仰起頭，才能看到的長長的木條；斜斜的屋頂上閃閃發亮的黑瓦；陳舊古老卻難忘的味道。
>
> ——羅文嘉〈幸福的美好記憶〉《新屋100》

　　走過百年歲月的風霜，經歷風雨災害與人為破壞，臺灣的小學校園大多早已不復成立之初的模樣，老校友想在校園中，尋找兒時熟悉的事物和回憶，很少能夠如願以償。不過，還是有少數的幸運文物克服了時代洪流的衝擊，堅毅的固守著崗位，像老友般守護著孩子們的泛黃回憶，值得你回到校園裡再看一眼。

▶保存良好的安溪國
　小的木造辦公室。

　　許多建校超過六十年以上的老校園中，都看得到一些日治時代所留下的遺產，如：日式宿舍、老校門、老校舍和老禮堂等，以日式宿舍最常見。日治時代許多學校會為日籍校長及教師準備官舍，這些宿舍屬於校產的一部分，戰後國民政府接收校產時，這批日式官舍便被配給外省籍的公務員居住，成為新移民安身立命之所，但部分仍為學校的教師宿舍，成為退休教師的最後居處，因此有不少得以保留至今。花蓮明禮國小就有一批保存完整的日式宿舍，位於花蓮美崙溪畔，古色古香的建築和溪畔的自然風光相映成趣，名列「美崙十景」之一。可惜經歷歲月移轉，大半已年久失修而傾圮廢棄，勢必難逃改建的命運。

　　隨著日式宿舍逐漸消失，老校舍或老禮堂成為下一個準備告別校園的建築物。每當學校要進行校園更新美化時，老校舍便首當其衝成為被拆除的對象，能夠經歷數十載仍然屹立校園的校舍實不多見，幸運留下的，通常已被政府訂為歷史建物或古蹟，例

▶ 新竹員崠國小後山的日本神社遺址

▲ 臺北老松國小的拱圈式古蹟校舍。

▶ 臺南忠義國小校園裡有日式風味濃厚的武德殿。

▲ 高雄鼓山國小的老校舍充滿日治時代的建築風。

▶學校的老禮堂總帶
　著濃厚的日本風。
▶▶臺南立人國小的忠
　孝樓，完整保存初
　建時的模樣。
◀臺北樹林國小的石
　馬，原為新竹林家
　墓園的石獸。

如清水國小的紅磚校舍，旗山國小的拱圈建築，或是皇民化時期日本軍武精神的代表——臺南忠義國小的武德殿等。

　　老禮堂是小學生又敬又愛的老朋友，因為不論是開學或畢業，都要聚集在它的懷抱裡。此外，日治時代有些禮堂往往會身兼街庄的集會所，因此它同時也是學校與地方社區共同的文化記憶。這些日治時代遺留下來的老禮堂，建築風格大都相當古典細膩，展現了日治時代的建築水準。除了日治留下的老禮堂，在一九五〇年代中期，南部也有一批小學木造禮堂，亦相當具日本風味，例如臺南市菁寮國小的禮堂，亦可視做另類的日本遺產。

　　此外，老校門就像是小學校園中永遠不老的守衛伯伯。相對於現代小學校門的水泥建築，日治時代的校門樣式要古樸得多，大部分是兩座石柱形式，上頭以毛筆字體寫著學校名稱，造型簡單大方，卻充滿簡約與古典的美感，有時學校想改建校門，還會遭到校友們的反對，由此可見它所散發的魅力。遇到這種情況，校方往往會將老校門搬移到校園另一角落保存，然後再建新的校門，如新竹新埔國小和高雄旗津國小等，於是形成門中有門的校園奇觀，它兼顧了情感與實際，也留存下學校的歷史記憶。

1	2
3	4
5	6
7	8

1 彰化中山國小的古
　蹟校舍。
2 新竹國小的日治水
　生植物池。
3 臺南市鎮海國小的
　部分圍牆,是國定
　三級古蹟四草砲臺
　的城牆,老榕攀附
　其上,古意盎然。
4 臺南忠義國小的成
　功泉。
5 嘉義崇文國小裡,
　有全臺僅存的校內
　播音臺。
6 高雄舊城國小的孔
　廟碑林。
7 高雄旗山國小的古
　蹟校舍。
8 高雄舊城國小的孔
　廟是三級古蹟。

臺灣擁有史蹟的小學

所在縣市	校　名	創校時間	校園史蹟
臺北市	士林國小	1895	老禮堂、老校門
	老松國小	1896	三棟古蹟校舍
	太平國小	1896	忠孝匾額
	景美國小	1897	景美開道碑
	東園國小	1911	大正年間的創校紀念碑
	永樂國小	1914	古蹟校舍
新北市	新莊國小	1898	日治校舍、辦公室
	樹林國小	1898	咸豐年間的林家石馬
	板橋國小	1899	枋橋建學碑、老校門、日治校舍
	安坑國小	1899	孝女廖嬌碑、日式宿舍
	八里國小	1900	御大禮碑
	石碇國小	1904	建校紀念碑
	九份國小	1910	首任校長衣冠塚、植樹紀念碑
	大埔國小	1922	老校門
	漁光國小	1920	老校門
新竹市	新竹國小	1898	古蹟校舍、老禮堂
	北門國小	1899	古蹟校舍、老禮堂
新竹縣	峨眉國小	1898	建校紀念碑、古井、舊升旗臺
	新埔國小	1898	舊校門、怒潮軍校碑
	竹東國小	1899	儒醫碑
	寶山國小	1916	老禮堂
	員崠國小	1956	日本神社遺址
苗栗縣	苑裡國小	1898	亡學友紀念碑、日式宿舍
	建中國小	1904	奉安殿
臺中市	大同國小	1899	古蹟校舍
	清水國小	1897	紅磚校舍、老禮堂、老校門、誠字碑
	大雅國小	1898	日治臺灣模型
南投縣	草屯國小	1899	老禮堂、建校紀念碑
	永昌國小	1952	明新書院

彰化縣	中山國小	1897	古蹟校舍
	和美國小	1899	神社石獅子
	二水國小	1902	淺井初子紀念碑
	溪湖國小	1903	老禮堂、老校門
雲林縣	鎮西國小	1896	老禮堂、日治游泳池
嘉義市	崇文國小	1898	日治播音臺
嘉義縣	文昌國小	1958	登雲書院舊址
臺南市	立人國小	1898	古蹟校舍
	公園國小	1898	古蹟校舍、日治游泳池
	鎮海國小	1923	四草砲臺遺址
	忠義國小	1940	武德殿、古井
	麻豆國小	1898	建校紀念碑
	菁寮國小	1911	日治升旗臺、木造老禮堂、老辦公室
	安溪國小	1915	老禮堂、老辦公室
	歡雅國小	1919	老禮堂、老辦公室
高雄市	旗津國小	1898	古蹟校舍、老校門
	舊城國小	1900	孔廟、碑林
	永清國小	1949	鳳山舊城牆
	鳳山國小	1898	澄瀾砲臺遺址
	旗山國小	1898	古蹟校舍、老禮堂
	美濃國小	1900	清代六堆之右堆統禦中心碑
	唐榮國小	1899	日治臺灣模型
	萬丹國小	1899	清代石斗、文字門
	萬巒國小	1899	老川堂門
	里港國小	1900	清代敬字亭
	海濱國小	1961	日治神社遺址（現為孔廟）
宜蘭縣	羅東國小	1897	建校紀念碑
	四季國小	1917	泰雅族穀倉
花蓮縣	明禮國小	1897	日式宿舍
	鳳林國小	1920	日治神社遺址（現為孔廟）
	靜浦國小	1920	靜浦文化遺趾、清代古圍牆

綠色奇蹟
百年老樹

　　只要是歷史悠久的學校，校園中總會有幾株年歲過百的老樹，這些百年老樹有些是在建校時種下，有些則是在建校之前就已生長於校地上。

　　小學校園中的百年老樹品種多樣，不過最常見的是榕樹，這可能是因為榕樹是臺灣生命力最旺盛的樹。此外，百年的大王椰也常在校園中出現，這可能是因為臺灣曾是日本領土的最南端，更是南進的基地，因此日本當局希望在校園中塑造南洋風情。至於百年樟樹、刺桐、肖楠、楓木等老樹的數量，就沒有榕樹、椰樹來得多了。

▶蓊鬱蒼翠的百年校
▼樹前，是日治時代
畢業照常見的取景
之所。老樹下曾有
多少學子在此佇足
嬉鬧，藏有許多校
友們共同的校園回
憶及天真笑語。

正是因為盎然的綠意，象徵旺盛的生命力，大多數學校的師生畢業照，也總喜歡以老樹作背景。一屆屆的學生畢業離去，校長老師也物換星移，當校園人事隨著時光流逝而一一消失時，最後能抵擋光陰摧殘的，大多只剩下站在校園一角，默默無語卻始終屹立不搖的老樹們，每年春天，還會冒著新芽等著你，等著你和你的孩子，一同上學去……。

🔍 歷史放大鏡

臺灣小學校園內的百年老樹

縣市	學校	創校時間	校園史蹟	樹高（m）
臺北市	太平國小	刺桐	92	10
		樟樹	152	8.5
	大安國小	榕樹	92	8
	陽明國小	樟樹	102	12
		榕樹	107	13.8
	松山國小	榕樹	107	14.2
		刺桐	122	12.3
	景美國小	金龜樹	112	9
		金龜樹	112	9
新北市	坪林國小	臺灣油杉	300	15
		雀榕	100	5
	金山國小	雀榕	100	5
		雀榕	100	5
		雀榕	100	6
桃園市	長興國小	楓香	150	21
	南崁國小	榕樹	100	
	龍潭國小	榕樹	100	15
	楊梅國小	樟樹	110	12
新竹縣	文山國小	楓香	200	17
		楓香	200	17
		楓香	200	17

新竹縣	新埔國小	榕樹	100	12
	橫山國小	樟樹	400	20
	新社國小	茄冬	100	12
苗栗縣	錦水國小	榕樹	105	16
	興隆國小	樟樹	800	24
臺中市	光隆國小	樟樹	340	21
南投縣	南投國小	榕樹	110	16
	敦和國小	榕樹	120	12
	人和國小	樟樹	120	20
彰化縣	頂番國小	榕樹	120	12
	新庄國小	樟樹	100	17
	和美國小	黑板樹	150	18
雲林縣	鎮西國小	茄冬	100	8
嘉義縣	蒜頭國小	榕樹	102	21.2
		榕樹	100	20.5
		榕樹	100	20.2
		榕樹	130	11
	龍崗國小	刺桐	120	1.5
		榕樹	120	1.7
	南師實小	榕樹	120	1.9
		榕樹	120	2.3
		榕樹	130	2.3
		金龜樹	115	1.6
	忠義國小	榕樹	189	2.3
臺南市	鹽水國小	黑板樹	100	20
		黑板樹	100	20
		黑板樹	100	20
		黑板樹	100	17
	安業國小	榕樹	120	15
	善化國小	榕樹	100	10
高雄市	楠梓國小	榕樹	132	12
		榕樹	120	24
		榕樹	100	

		榕樹	120	17
	舊城國小	榕樹	86	18
	嘉興國小	雨豆樹	81	12
	曹公國小	茄冬	126	12
	鳳山國小	茄冬	106	15
	阿蓮國小	榕樹	109	10
	六龜國小	榕樹	130	25
	竹滬國小	樟樹	106	6
屏東縣	潮州國小	芒果	102	12
宜蘭縣	澳花國小	樟樹	120	
		樟樹	610	16
花蓮縣	水漣國小	榕樹	100	12
		榕樹	100	15
		榕樹	100	15
		榕樹	100	15
	宜昌國小	鳳凰木	100	11
		麵包樹	100	13
	明禮國小	榕樹	100	15
		榕樹	100	16
		榕樹	100	16
	豐裡國小	榕樹	100	16
		榕樹	100	16
		榕樹	100	16
	月眉國小	榕樹	100	10
		榕樹	100	7
臺東縣	龍田國小	榕樹	100	15
	樟原國小	榕樹	100	10
		榕樹	100	28
	都蘭國小	榕樹	100	13
	安朔國小	榕樹	100	20
	海端國小	茄冬	100	15
	初鹿國小	刺桐	100	12

（資料來源：各縣市政府）

永恆的記憶

畢業紀念冊

她翻開照片冊，自第一頁看起，次第看下去，看到最後一張。這些照片每一張便是人生那一時刻的一個斷面圖。

——客籍文學家　鍾理和〈雨〉

許多人生命中擁有的第一張大合照，就是小學畢業照了。畢業照在日治時代稱「卒業寫真」，從照像技術並不普及的百年前開始，隨著新式教育的設置，畢業照慢慢成為每個曾經就讀小學的人，心中最甜蜜的影像。

日治初期的黑白時代，各校畢業學生的人數從個位數到近百人都有，年紀也參差不齊，學生們不是排排坐就是排排站，表情

▶一九〇七年，樹林頭公學校第四回卒業紀念照，中間手持畢業證書者，是當年的畢業生。

有木訥、疑惑，有靦腆、羞澀，但不管是多麼僵硬的表情，反應在孩子臉上的永遠是可愛的天使臉孔。由於當時照相技術落後，底片需要較長的曝光時間，因此老師會千交代、萬交代：「拍照時千萬不要動喔！」但好奇又好動的孩子哪管那麼多，「喀嚓」一聲！有的孩子突然晃動了頭，於是在這人生難得的畢業照中，總有人留下不清楚的臉孔。有的老師或學生當天無緣參與拍照，錯失了與同班同學合影留念的機會，但多虧校方神通廣大，想出了兩全其美的解決辦法：他們會以「分身」的技巧，把缺席者的大頭照剪下貼在角落，如此同班師友就能大團圓的合照了。

　　到了日治中期，入學就讀的孩子漸漸增多，一個年級總有個一、兩班，學校的經費也較充足，所謂的卒業寫真慢慢的發展成「卒業寫真帖」。寫真帖中除了畢業照外，也有許多學校生活照，但這些學校生活照多數都經過專業的安排，例如朝會、體育課、菜園實習和神社參拜等，嚴謹設計下透露出教育宣傳的功能，相對就少了些學生自然活潑的情感流露。

　　中日戰爭時期，卒業寫真帖有了微妙變化，逐漸增加戰爭與軍隊相關的照片，例如表現「軍愛民、民敬軍」的敬軍照，或是送軍出征的遊行照等，內頁的課堂照片也從數學課、理科課變講解日本歷史、大東亞地理圖的相片，甚至黑板上就直接寫著戰事

▲日治末期戰爭期間紀念冊的內頁，出現不少與戰爭相關圖片。

▶日治時代，楠木正成像是畢業紀念冊封面上的常客；到了戰後，則換成了蔣公像。

▶戰爭期間，小學的畢業紀念冊封面開始出現戰爭味。

◀「禮義廉恥」是戰後校園裡熱門的精神標語，畢業紀念冊的封面自然少不了它。

的最新發展，而皇軍捷報的影像也經常出現，原本屬於學生的生活照就相對減少許多，卒業寫真帖的宣傳意味更加濃厚。

中華民國政府遷臺之後，整體經濟尚未從戰爭中復甦，民生物資極度缺乏，小學生若能拍攝並保有一張全班畢業合照已屬不易，更別奢求會有多餘的經費製作畢業紀念冊。直到一九五〇年代左右，畢業紀念冊才又逐漸普及，但也僅是薄薄的一本，黑白印刷的技術也相當粗糙，有的編排方式從封面到內頁幾乎和日治時代一模一樣，只是封面的楠木正成畫像變成了蔣公銅像。

隨著社會經濟逐漸好轉，國旗、國父和蔣公的玉照隨著解嚴而逐漸消失，照片從懷舊黑白到鮮豔彩色，校園生活從整本兩三頁到各班各有版面，內容也從光復大陸、強身強國到北海一週、出國旅遊。當嚴肅刻板已成歷史名詞，校園風氣轉向自由開放，小學生終於成為畢業紀念冊的主角，能夠自主的刻劃屬於自己的小學記憶了！

珍重再見

落櫻繽紛、鳳凰花開

畢業典禮

> 青青校樹，萋萋庭草，欣霑化雨如膏。筆硯相親，晨昏歡笑，奈何離別今朝。
>
> 世路多岐，人海遼闊，揚帆待發清曉。誨我諄諄，南針在抱，仰瞻師道山高。
>
> ——〈畢業歌〉

又到了鳳凰花開，蟬鳴唧唧的季節……，這句演講詞每到夏季總會在小學的畢業典禮上聽個好幾回。對孩子們來說，小學六年是人生最重要的啟蒙歲月，而畢業典禮則是最完美的蛻變，過了這一天，他們就是翩翩少年和娉婷少女了。

畢業典禮在日治時代稱作「卒業式」，當時舉行的時間是在三月底櫻花季節的尾聲。在畢業典禮會場上，會掛著日本太陽

▼日治時代，新竹北門公學校的畢業典禮，接受頒獎、領畢業證書。

旗，天皇相片也會被請上講臺，學生必須向天皇玉照暨國旗鞠躬，然後便是唱〈君之代〉、校長訓話、頒獎、領畢業證書等，一切行禮如儀。日本人向來重視學生的規矩秩序，所以畢業典禮當天會要求參加的學生們穿戴整齊。許多家境窮困的臺籍學生，在學期間都是赤腳上學，但是為了參加畢業典禮才第一次穿鞋，通常那雙鞋在典禮結束後就會馬上脫下，保持完好留給家中弟妹下回畢業用。因此若問他們對畢業典禮最深刻的記憶，或許就是那雙擦得光亮烏黑的皮鞋了。

　　日治時代的小孩在落櫻季節領取畢業證書，中華民國的兒童則有豔紅的鳳凰花相伴。兩者進行的儀式幾乎都差不多，只不過是國號、國旗、國歌和崇拜的對象不同。畢業典禮一般總會費時一、兩個小時，臺上的大人物、校長輪番發表滔滔不絕的演說，臺下孩子們不是如坐針氈，就是早已在私底下玩成一片，沒人記得臺上大人們說了什麼，唯一的記憶大概只有典禮結束後，感情豐富的女學生兩頰垂淚的與同學們互道珍重。對許多孩子而言，這是他們人生中第一次嚐到離別的滋味。

1	2	
3	4	5

1 彰化公學校在竹棚下的典禮。
2 「螢雪之功」象徵孩子們的校園苦學有了豐碩的成果。
3 從幼稚園開始，人生就進入一連串就學、考試與畢業的旅程。
4 戰後初期的小學畢業典禮。
5 對孩子而言，畢業典禮的儀式有些枯燥乏味。

◀鳳凰花開時是畢業
離別的季節。對孩
子們來說，小學畢
業的另一層含義是
向童年告別。

　　近年來，隨著教育的改革，小學的畢業典禮也逐漸改良，不
再是學生枯坐臺下聽訓。許多小學依據各自的特色，發展出別出
心裁的畢業典禮，例如靠海小學就舉行潛水或游泳畢業典禮，讓
孩子認識大海之美；山中小學則登上山頂，在祖靈的見證下畢
業；城市小學則是放縱一下，舉行丟水球或化裝舞會等，畢業活
動的主角終於還原給畢業生，讓孩子們在這一天留下滿滿的笑容
與驚喜，並以感恩的心情邁向更寬廣的學習大道。

🔍 歷史放大鏡

離別之歌

驪歌初動，離情轆轆，驚惜韶光匆促。
勿忘所訓，謹遵所囑，從今執行彌篤……

——〈驪歌〉

　　早期的中、小學畢業生對〈驪歌〉絕不會陌生，這是學校畢業典禮時必唱
的歌曲。許多人皆以為驪歌是源自於西洋電影〈魂斷藍橋〉，但早在日治時代
的小學卒業式裡，學生們就得吟唱這首旋律哀悽的歌曲。其實，此曲原是愛爾
蘭民謠，在明治時期傳入日本，由一位作家填上日文歌詞，在廣為傳唱後被納
入小學的音樂課本中。由於歌曲內容敘述好友別離之情，於是成為卒業式上常
用的應景歌曲，久而久之便約定俗成，自日治時代起一直傳唱至今。
　　一九九〇年代後，驪歌在畢業典禮上漸漸少用了，愈來愈多學校採用應景
流行歌曲，從〈送別〉、〈萍聚〉、〈朋友〉、〈祝福〉，到〈啟程〉、〈蝸
牛〉、〈笑忘歌〉等，有的為畢業典禮增添離情依依的催淚氣氛，有的能鼓勵
學生們持續追求夢想、迎接美好未來……。畢業致詞可以不記得，但畢業歌曲
可不能忘記喔！

畢業生致謝辭

校長、各位師長、各位來賓、各位同學大家好：

今天是我們的畢業典禮，我謹代表在座全體畢業生，向培育我們的所有師長致上最真摯、最崇高的謝意。

這六年、兩千多個日子，一轉眼間就這麼飛逝，我們即將離開這宏偉的校舍、美麗的校園。回想起初踏進校園時，我們還是一群懵懂無知的小孩，而如今已成為五育均衡發展的少年了，這些都得歸功於師長們的諄諄教誨、循循善誘。各位親愛的師長，您不只是教導了我們的課業，更啟發我們做人做事的道理，使我們這群茫茫不知所向的小船，在黑暗中望見了光明，找到了人生的方向，您的付出將令我們終生難忘！

母校有著悠久的歷史、優良的傳統和美好的校風，我們何其有幸可以在這安定舒適的環境中接受教育，我們忘不了這一切的一切，我們將以身為母校的一員為榮，並更進一步的努力，去完成那尚未完成的學業。

驪歌即起，校園中的一草一木都勾起我們對學校的懷念，我們難忘師長平日孜孜不倦的教導，教室中同學們互相切磋的情景，今日我們即將踏出校門，但往日種種將永遠留在我們的腦海中。

校長、各位親愛的師長，我們即將離開您了，面對這盛大的典禮，真感到悲喜交加，喜的是我們將步上人生旅途上新的里程碑；悲的是在這鳳凰花開、蟬聲高唱的時節，我們就要和您們分手了，這離別的心酸怎不令人悵然淚下呢！然而天下沒有不散的筵席，我們將本著不屈不撓的意志，奔赴理想中的目標。別了！母校，別了！同學。我僅代表全體畢業生敬祝各位師長身體健康，在校同學學業進步。

畢業生代表　陳淑惠敬上

臺灣初等教育大事紀

1632 西班牙天主教神父愛斯基委（Jacinto Esquivel）於雞籠創辦「學林」，為一所教育漢人子弟之學校，主要教授拉丁文、神學課程，但隔年因其過世而中斷。

1630 荷蘭籍傳教士喬治 · 干治士（Georgius Candidius）在臺南新港社內開辦學校，以羅馬拼音拼出新港語，並用此自創之文字教學。

1666 陳永華於臺南興建臺灣第一座孔廟，並於此廟右廂設太學，是臺灣第一所官辦學校。

1683 施琅設西定坊書院於臺南，為臺灣書院制度的開始。

1704 全臺第一所規模完備的書院——臺南崇文書院成立。

1882 【09 月 14 日】臺灣第一所西式學堂——牛津學堂於淡水開學。

1885 【09 月 21 日】臺灣第一所中學——長老教會中學於臺南開辦，為現今私立長榮中學前身。

1895 【04 月 17 日】中日甲午戰爭結束，簽定〈馬關條約〉，清廷將臺灣以及澎湖割讓給日本。
【06 月 17 日】臺灣總督府於臺北城舉行臺灣始政典禮。
【07 月 16 日】臺北芝山岩惠濟宮設「芝山岩學堂」（現臺北市士林國小前身）。

1896 【01 月 01 日】發生「芝山岩事件」，芝山岩學堂因六名教員被殺，而暫時關閉三個月，於 4 月 13 日再開，改稱「國語學校附屬芝山岩學堂」，7 月 1 日舉行畢業典禮。
【03 月 31 日】頒定〈臺灣總督府直轄學校官制〉，依據這個法令，正式成立「國語學校」以及「國語傳習所」。「國語學校」為培養師資及各項相關業務人才之教育機關。

【04 月 13 日】總督府於臺北芝山岩設置「國語學校」（今臺北市立大學博愛校區，前身為臺北市立教育大學），為臺灣師範教育之始。

【09 月 02 日】恆春國語傳習所豬朥束分教場成立，為臺灣原住民接受西方新式教育之始。

1897　【05 月 24 日】國語學校第一附屬學校（現臺北市士林國小）女子部設立，為臺灣女子教育之濫觴。

　　　【06 月 26 日】臺北國語校第四附屬學校（臺北市東門國小前身）成立，限收日籍學童，為臺灣小學校之嚆矢。

1898　【07 月 28 日】頒布〈臺灣公學校規則〉，以地方經費開辦公學校取代國語傳習所。

　　　【11 月 10 日】發布〈書房義塾規程〉，逐步限制書房之設立與教學。

1899　【04 月 30 日】發布〈總督府師範學校規則〉，規定師範學校以培養臺籍之國語傳習所及公學校教師為主旨。

1901　【05 月 01 日】公布〈教科書編輯人員官制〉。

1902　【04 月 01 日】頒訂〈臺灣小學校規則〉，使臺灣島內小學校制度與日本內地並行。

　　　【07 月 06 日】修正〈國語學校規則〉，將國語學校師範部分為甲、乙兩科；甲科只收日本人，乙科專收臺籍學生。

1904　【11 月 04 日】嘉義廳達邦社警察派出所設「達邦蕃童教育所」，其師資由警察擔任，為臺灣蕃童教育所之始。

1905　【02 月 01 日】在臺北芝山岩舉行在臺殉難教育者的建碑儀式。

　　　【02 月 03 日】公布〈蕃人公學校規程〉。

　　　【11 月 29 日】公布〈私立學校規則〉。

1906　【01 月 16 日】公布〈臺灣種痘規則〉，規定出生兒童必須接種以防天花。

1907　【02 月 26 日】修正〈臺灣公學校規則〉。

| 1910 | 【04 月】 | 國語學校增設「小學師範部」，以培養小學校師資為主旨；原「師範部」甲、乙科，改「公學校師範部」甲、乙科，以培養公學校師資。 |

1910　【04 月】　國語學校增設「小學師範部」，以培養小學校師資為主旨；原「師範部」甲、乙科，改「公學校師範部」甲、乙科，以培養公學校師資。

1911　【10 月 11 日】臺北第一尋常高等小學舉辦教育品展覽會（開校 15 週年紀念）。

1912　【07 月 30 日】明治天皇崩，皇太子嘉仁繼位，改元「大正」。

1914　【04 月 18 日】總督府發布〈蕃人公學校規則〉。

1915　【11 月 06 日】大正天皇登基繼位大典。

1918　【07 月 19 日】國語學校在臺南設立分校。
　　　　【09 月 27 日】臺南孔廟重新修建完成。

1919　【01 月 04 日】第一次大戰結束，總督府頒布〈臺灣教育令〉，廣設中學與專門學校。「國語學校」更名為「臺北師範學校」。

1920　【03 月 31 日】公布〈臺北師範學校規則〉，規定須使用總督府所編纂或審定的書籍。

1921　【03 月 18 日】公布〈學校學生、兒童身體檢查規則〉。

1922　【02 月 05 日】臺北師範學校學生不服日警取締群集抗議，發生日警闖入校園拔劍威嚇學生的「拔刀事件」。此為北師第一次罷課事件，也是臺灣最早的學生運動。
　　　　【02 月 06 日】〈臺灣教育令〉改正公布，採行「內臺共學制」。

1923　【02 月 26 日】修正〈臺灣公學校規則〉。
　　　　【04 月 05 日】臺中師範學校設立。
　　　　【04 月】　　臺灣教育會在臺北第一中學舉辦〈教育展覽會〉。
　　　　【04 月 12 日】日本皇太子裕仁來臺巡視，全臺舉行一連串「太子行啟」慶祝活動。

1925　【02 月 23 日】霧社青年花岡一郎進入臺中師範學校，為臺灣山地原住民入師範之始。

| 1926 | 【06 月 17 日】臺中教育博物館開館。 |
| | 【12 月 25 日】大正天皇崩，皇太子裕仁繼位，改元「昭和」。 |

1927　【09 月 14 日】第一屆全臺棒球賽開賽。

1928　【10 月 22 日】日本昭和天皇登基大典。

1930　【10 月 27 日】臺灣日治時代最大規模的原住民抗
　　　　　　　　　　日行 ——霧社事件爆發，日本政府
　　　　　　　　　　費時月餘方將抗日原住民剿滅。

1935　【04 月 21 日】臺中、新竹二州清晨發生兩次強震，各地受災慘重，災民共有三十五
　　　　　　　　　　萬餘人；總督府特例減免災區之地方稅和國稅。
　　　　【10 月 10 日】總督府為慶祝臺灣始政 40 年紀念，於臺北舉行臺灣大博覽會，歷時
　　　　　　　　　　50 日，盛況空前。

1937　【07 月 07 日】中日戰爭爆發，日本當局重派武官總督治臺。
　　　　【08 月 15 日】臺灣軍司令官宣布臺灣進入戰時體制。

1939　【02 月 26 日】總督小林躋造至東京接受採訪時，宣示其治臺重點為「皇民化、工業
　　　　　　　　　　化、南進基地化」。

1940　【02 月 11 日】總督府總務長森岡淮許臺灣人改換日本姓名。
　　　　【09 月 20 日】臺北市舉行全島體育大會。

1941　【03 月 08 日】〈臺灣教育令〉第二次修正，使臺灣初等教育制度比照日本內地學制，
　　　　　　　　　　依〈國民學校令〉施行。
　　　　【04 月 19 日】皇民奉公會成立。皇民奉公會為總督府成立之推動皇民化運動的組織，
　　　　　　　　　　由總督擔任總裁。

1942　【04 月】　　　第一批臺灣人志願兵入伍前往戰場。

1943　【04 月 01 日】臺灣開始實施六年義務教育制度。
　　　　【11 月 30 日】日本開始強徵臺籍學生赴前線。

1944 【09 月 01 日】日本政府正式實行臺民徵兵制。
　　　　【10 月 08 日】總督府制定〈兒童疏散辦法〉，要求都市學校疏散學生到鄉村不易
　　　　　　　　　　　遭轟炸的地區上學。

1945 【08 月 15 日】日本天皇透過廣播，發表「終
　　　　　　　　　　　戰詔書」，無條件投降。
　　　　【10 月 25 日】中、日雙方在臺北市公會堂舉
　　　　　　　　　　　行臺灣受降典禮。
　　　　【10 月 27 日】臺灣省行政長官公署召開第一
　　　　　　　　　　　次行政接收會議，議定自 11 月
　　　　　　　　　　　1 日起開始各項行政接收。

1946 【04 月 20 日】在臺日人撤回日本至此完成。
　　　　　　　　　　　臺灣末代總督安藤利吉服毒自
　　　　　　　　　　　殺身亡，臺灣總督府亦在 5 月
　　　　　　　　　　　30 日正式廢除。

1947 【02 月 28 日】因不滿緝私煙案件，民眾聚集於行政長官公署及臺北專賣局前示威，
　　　　　　　　　　　公署衛兵向民眾開槍，引發「二二八事件」。

1948 【01 月 18 日】臺灣省首屆教育會議在臺中召開。

1949 【05 月 20 日】臺灣實施戒嚴。
　　　　【09 月 26 日】省教育廳頒訂〈臺灣省各級學校國語正音補救辦法〉，全力推行國
　　　　　　　　　　　語教育。

1950 【06 月 03 日】教育部頒訂了〈戡亂建國教育實施
　　　　　　　　　　　綱要〉。

1951 【08 月 03 日】美國眾議院外交委員會發表
　　　　　　　　　　　九千萬美元的援華方案，開啟臺
　　　　　　　　　　　灣長達十五年的美援歷史。

1952 【04 月 08 日】教育部頒布〈戡亂時期中等以上學校

精神、軍事、體格、技能訓練綱要〉，進行學生的思想教育。

【05 月 19 日】省教育廳推行教育改革，頒布〈臺灣省各級學校課程調整辦法〉、〈加
強民族精神教育實施綱要〉、〈加強生產訓練及勞動服務實施綱要〉；
要求教材選擇應重視本國民族文化之理解和愛國觀念之培養。

【08 月 12 日】教育部推行教育改革方案，大專以上學校增加帝俄侵略中國史、國
際關係及中國近代史等必修學分。

【08 月 18 日】蔣中正總統明令公布至聖先師孔子誕辰紀念日改為國曆 9 月 28 日。

1953　【04 月 29 日】省教育廳訂定實施計畫，加強各級學校國語教
育。初等教育須自一年級起教注音符號，
並由國語會編輯《兒童生活用語》印發各
校，使教師能於日常生活中訓練學童的
國語能力。

1954　【07 月 26 日】臺灣大學、師範大學、陸軍軍官學校等四
校舉行聯合招生考試。

【08 月 22 日】教育部教育研究委員會通過〈減輕中小學生課業
負擔實施方案〉。

1955　【09 月 24 日】教育部教育研究委員修正通過〈發展初級中等學校方案〉，鼓勵私
人興辦初級中學。

1956　【05 月 17 日】行政院院會通過〈高中畢業生會考暨升學聯合考試辦法〉，大專聯
考正式實行。

【12 月 21 日】省教育廳公布〈臺灣省學齡兒童強迫入學辦法〉。

1958　【11 月 24 日】省教育廳公開檢討國民學校惡性補習所造成的弊端。

1959　【08 月 07 日】因太平洋低壓帶來連日強風豪雨，造成臺灣中南部
十三縣市大水成災，為臺灣六十年來最大的天災。

1964　【01 月 18 日】嘉南地區發生強烈地震，稱為「白河大地震」。臺
南白河和嘉義一帶受災慘重。

【05 月 11 日】臺北、臺中、高雄三市開始實施免費接種小兒麻痺疫苗。

【10 月 16 日】省政府配合美援計畫，供應學童營
養午餐制度正式於桃園市龍壽國民
學校開辦。

1965　【09 月 11 日】省教育廳規定各國民學校福利社嚴
禁販賣冷飲及糖果等零食。

1966　【09 月 20 日】中華民國第一屆世界兒童畫展在新
北市新莊國民學校舉行。

1967　【03 月 09 日】教育部決定初級中學入學考試加考體育。
　　　【07 月 28 日】中華文化復興運動會推行委員會正式成立。
　　　【08 月 26 日】行政院正式頒令省政府自明年 9 月 1 日起實施九年國民義務教育。將
原本六年制的國民學校和三年制的初級中學合併為九年國教，廢除初
中聯考制。

1968　【08 月 25 日】臺東縣紅葉少棒隊以 7：0 的比數擊敗日本和歌山少棒隊，為臺灣少
棒運動發展的重要轉捩點。

1969　【06 月 14 日】教育部決定原則上國中生可以能力分班。
　　　【08 月 24 日】我第一支進軍世界少棒賽的臺中金龍少棒隊擊敗美國西區代表隊，奪
得第二十三屆世界少棒賽冠軍。

1970　【03 月 01 日】黃俊雄製作的布袋戲節目「雲州大儒俠」，在臺視播出，造成全臺收
視風潮。

1971　【01 月 22 日】省教育廳宣布，全省國民小學學生制
服自下學年起，統一為女生白、黃上
衣，搭配藍短裙以及藍長褲；男生為
白、黃上衣，搭配藍短褲及黃長褲。

　　　【10 月 26 日】臺灣宣布退出聯合國。

1975　【04 月 05 日】蔣中正總統因突發性心臟病去世；由
副總統嚴家淦繼任總統職位。

1977 【11 月 19 日】臺灣省辦理縣市長選舉，桃園市的選情尤為激烈，因位於中壢國小
內的投票所發生選票糾紛，引起民眾不滿，爆發「中壢事件」。

1979 【05 月 23 日】〈國民教育法〉制定公布。依此法
全臺國中小學設置輔導室，專責學
生輔導業務事宜。

1981 【05 月 26 日】八名臺北市東門國小學生前往教育
部，控告級任老師強迫補習及體
罰，成為臺灣教育史上第一件學生
控告老師事件。

1984 【03 月 30 日】臺北市螢橋國小發生精神病患闖入校園向學童潑灑硫酸的事件，造
成多名學生受害。

1985 【09 月 21 日】省教育廳決定試辦國小低年級學生不帶書包回家計畫。

1987 【01 月 12 日】教育部宣布廢除學生髮型限制，這項原則適用於中小學及大專院校
等各級學校學生。
【07 月 14 日】蔣經國總統發布命令，宣告臺灣地區解除戒嚴。

1988 【01 月 13 日】蔣經國總統病逝，副總統李登輝繼任總統。

1989 【02 月 18 日】教育部宣布決定廢除國小學生早自習活動。

1990 【03 月 02 日】第一所民間體制外改革實驗小學——森林小學在新北市成立。

1991 【05 月 01 日】李登輝總統宣告終止動員戡亂時期。

1994 【02 月 25 日】臺灣第一所由家長自辦的小學「毛毛
蟲實驗學苑」開學。後更名為「種籽
親子實驗學苑」。

1995 【09 月 20 日】臺南市私立長榮中學舉辦創校 110 週年校慶。

| 1996 | 【03 月 24 日】李登輝、連戰當選臺灣首屆民選正、副總統。 |
| | 【09 月 22 日】英語課程列為國小學生必修課程。 |

1997　【09 月 08 日】國內第一所體制內森林小學──花蓮縣秀林
　　　　　　　　　鄉西寶國小開學。

1999　【09 月】　　　「國民教育九年一貫課程」在全臺的 98 所國
　　　　　　　　　中、小學裡進行實驗教學。

　　　【09 月 21 日】臺灣地區於清晨發生芮氏規模 7.3 的強烈地震，
　　　　　　　　　為臺灣百年來首見的大震，全臺紛傳災情，
　　　　　　　　　震央所在地南投、臺中一帶最為嚴重。

2000　【03 月 18 日】陳水扁、呂秀蓮當選臺灣第二屆民選正、副
　　　　　　　　　總統，為國民政府遷臺後第一次政黨輪替。

2002　【09 月 28 日】來自全國各地上萬名教師走上街頭爭取自己的權益，為臺灣教育史上
　　　　　　　　　首次教師遊行活動。

2003　【04 月 24 日】臺北市立和平醫院爆發院內集體感染 SARS，臺灣地區 SARS 疫情開
　　　　　　　　　始擴大，多所學校因此停課。

　　　【06 月 17 日】教育部公布國中小學生視力不良情況，與一九八六年相比，小一視力
　　　　　　　　　不良率成長 8 倍；小六則為 1.7 倍。

2004　【10 月】　　　第一屆教育部性別平等教育委
　　　　　　　　　員會成立。
　　　　　　　　　國中基本學力測驗於 95 年試辦
　　　　　　　　　加考寫作測驗，並於隔年正式
　　　　　　　　　實施。

2006　【09 月】　　　行政院核定〈國民小學班級學
　　　　　　　　　生人數調降方案〉，期以減輕
　　　　　　　　　教師負擔並提升教學品質。

2007　【02 月】　　　宣布開始推動十二年國民基本教育。

	【10月】	修訂〈多元入學方案〉。參考美國的多元入學方式,以去除聯考制度帶來的弊端,此方案可避免一試定終身的缺點,讓有特殊才能的學生可透過多元入學的方式就讀合適的科系,各校科系也可以根據校方需求與特色來篩選學生。
2008	【08月】	教育部公布微調後九年一貫課程綱要,預計100學年度生效,由一年級、七年級逐年向上實施。
2011	【08月】	啟動十二年國民基本教育,分階段逐步實施,先從高職做起。預定民國103年高中職學生全面免學費、大部分免試入學。
2014	【08月】	十二年國民基本教育政策全面實施,以有教無類、因材施教、適性揚才、多元進路、優質銜接的理念推動實踐。將之前施行的九年國教延長至十二年,後三年採非強迫性入學、免學費,而且是以公私立並行及免試為主。

附錄

感謝

本書能夠順利完成，特別感謝以下人士及各單位，熱心提供寶貴的文史資料、影像圖片和指導建議，在此致上最誠摯的謝意。（依姓氏筆劃排列）

熱心人士

丁一文、王　惟、石正男、呂　滿、李建森、林忠仁、林玫伶、林秀敏、林明輝、林鄭玉梅、吳志堅、吳振勇、吳淑美、周伯岳、周璧瑩、洪文雄、洪德麟、姜信淇、連寬寬、孫佩貞、徐金連、許文貴、許聰明、陳文卿、陳先助、陳其壽、陳秋月、陳徐敏、陳振煜、陳福順、張瑞和、張東閣、張漢鄒、張億載、馮芳秋、傅金匙、曾秀珠、彭煥章、詹正信、劉曾菊、劉信卿、廖　連、廖漢權、蔡玉錦、蔡炳坤、黎芳雄、鄭火木、鄭可偉、鄭高友、鄭貞萍、鄭詩釧、鄭廉明、謝立安、謝紫經

機關單位

臺北市——大橋國小、士林國小、太平國小、老松國小、松山國小、景美國小、
新北市——八里國小、九份國小、石碇國小、安坑國小、板橋國小、新莊國小、樹林國
　　　　　小、蘆洲國小
桃園市——大溪國小、新屋國小
新竹市——北門國小、新竹國小
新竹縣——北埔國小、竹東國小、新埔國小、峨眉國小
苗栗縣——苑裡國小、建中國小
臺中市——大同國小、大雅國小、清水國小
南投縣——南投國小、草屯國小、埔里國小、港源國小
彰化縣——二水國小、中山國小、永靖國小、和美國小、溪湖國小
雲林縣——文昌國小、鎮西國小
嘉義市——崇文國小
臺南市——公園國小、立人國小、忠義國小、南師實小、鎮海國小、安溪國小、菁寮國
　　　　　小
高雄市——旗津國小、旗山國小、舊城國小
屏東縣——萬丹國小、萬巒國小
宜蘭縣——光復國小
花蓮縣——明禮國小
國語日報
國立中央圖書館臺灣分館

圖片提供者

丁一文──173（圖2）、183（下1、下2）、192（左下）、220（圖3）
王　惟──172
石正男──178（圖5）
林鄭玉梅──171（上）、190（左）
洪德麟──201（左1～5）
吳振勇──105
許聰明──23、25（右）、45
陳其壽──146、173（圖1）、175（右）、193（上）、196（中）、220（圖5）
張東閣──129、203（右上）
張漢鄒──202
廖　連──71
鄭火木──38、93（左）、98（右）、138（左）、139（右）、191（圖1）
鄭高友──195
鄭廉明──183（下3）
鄭貞萍──190（右）
謝立安──94（左上）
謝紫經──107（圖3）

【臺北市】
士林國小──24（下）、33、81（右下）、101
太平國小──67（圖3）、82（右上）、142
老松國小──49（左6）、59（右下）
松山國小──52、54（圖1）、58、61、66（圖4、圖5圓形）、70（左下）、76、79
　　　　　（左上）、96（圖1）、100（上）、133（圖2）、135（下）、140、143
　　　　　（左下）、152、203（左上）
蓬萊國小──160（下）、161（中）

【新北市】
八里國小──98（左上）
九份國小──54（圖4）
石碇國小──65
安坑國小──48、220（圖4）
新莊國小──60（圖1）、72、93（右上）、118、130（右）、147（中）、149
樹林國小──74（右）、109（右）、119（下）

【桃園市】
大溪國小──66（圖6）、69（圖2）

194（右）、197（下）、200（中）

【臺南市】
公園國小──35（下）
立人國小──37（下）
安溪國小──94（左上）、135（上）、171（下）
菁寮國小──159

【高雄市】
旗山國小──180

【屏東縣】
萬丹國小──56、59（上）、60（圖4）、69（圖3、圖5）、70（左上）、108、131
（左）

【宜蘭縣】
光復國小──50（下）、96（圖3）、98（左下）、183（上）、203（左下、右下）

國立中央圖書館臺灣分館──24（上）、25（左）、26、27、28、41、42、45、114、
116（下）

WALKING
漫步臺灣

WALKING
漫步臺灣